Friedrich Kriete

Die Allitteration in der italienischen Sprache

mit besonderer Berücksichtigung der Zeit bis Torquato Tasso

Friedrich Kriete

Die Allitteration in der italienischen Sprache
mit besonderer Berücksichtigung der Zeit bis Torquato Tasso

ISBN/EAN: 9783743445789

Hergestellt in Europa, USA, Kanada, Australien, Japan

Cover: Foto ©ninafisch / pixelio.de

Manufactured and distributed by brebook publishing software (www.brebook.com)

Friedrich Kriete

Die Allitteration in der italienischen Sprache

DIE ALLITTERATION IN DER ITALIENISCHEN SPRACHE

MIT BESONDERER BERÜCKSICHTIGUNG DER ZEIT BIS TORQUATO TASSO.

INAUGURAL-DISSERTATION

ZUR

ERLANGUNG DER DOCTORWÜRDE

DER

HOHEN PHILOSOPHISCHEN FACULTÄT

DER

VEREINIGTEN FRIEDRICHS-UNIVERSITÄT

HALLE-WITTENBERG

VORGELEGT

VON

FRIEDRICH KRIETE

AUS HANNOVER.

HALLE,
DRUCK VON EHRHARDT KARRAS.
1893.

MEINEM LIEBEN VATER.

Literatur.

A. F. Naeke, De allitteratione sermonis latini, im Rhein. Museum. 1829. S. 324.

J. Machly. Ueber Allitteration, in dem neuen schweiz. Museum, 1864. S. 207.

J. Wölfflin, Ueber die allitterierenden Verbindungen der lat. Sprache, in den Sitzungsber. der Königl. Baier. Acad. der Wiss. 11. Juni 1881.

L. Buchhold, De paramoeoseos apud veteres Romanorum poetas usu. Dissert. Leipzig, 1883.

C. Bötticher, de allitterationis apud Romanos vi et usu. Dissert. Berlin, 1884.

A. Fuchs, Die romanischen Sprachen in ihrem Verhältnisse zum Lateinischen. Halle, 1849. S. 258.

G. Groeber, Altfranzösische Allitterationen, Zeitschrift für Rom. Phil. 1882. VI. S. 467.

W. Riese, Allitterierender Gleichklang in der französ. Sprache alter und neuer Zeit. Dissertation. Halle, 1888.

G. Landgraf, De figuris etymologicis linguae latinae, in Acta seminarii Erlang. II. S. 1. ff.

Gaspary, Sicilianische Dichterschule.

Koerting, Boccaccios Leben und Werke.

Landau, Quellen des Decamerone.

Landau, Boccaccios Leben und Werke.

Pitré, Vorrede zu den Proverbi Siciliani, in Bd. VIII der Biblioteca delle tradizioni popol. Sicil. S. XCVI.

Ant. Restori, Il Carlo Magno, Cremona 1891. S. 70. Anm. 1.

Biadene, Morfologia del sonetto nei sec. XIII. e XIV. in den Studj di Filolog. Roman.

Bartsch, Peire Vidal. S. LXXXV.
Stimming, Bertran de Born. S. 263. Anm. 12.
Stimming, Jaufre Rudel, S. 32.
Ludw. Roemer, Die volkstümlichen Dichtungsarten der altprovenzalischen Lyrik. Marburg, 1884.

Benutzte Texte.

A. R. V. = Le Antiche Rime Volgare seconde la lezione de cod. Vat. 3793. v. d'Ancona u. Comparetti.
Canz. chig. = Abdruck der Handschrift Chigi v. Monaci u. Molteni: Il Canzoniere chigiano. L. VIII. 305. Bologna 1877.
Man. = Mannale della Letteratura del primo secolo della lingua ital. compilato dal Proff. Vic. Nannucci. Firenze 1856.
Tes. = Tesoretto v. Brunetto Latini, ed. B. Wiese. Zeitschr. für Rom. Philol. VII.
Int. = Intelligenza.
Margaretenlegende, ed B. Wiese Halle.
Bonvesin da Riva, Gedichte, Bekker in den Sitzungsberichten der Berl. Academie der Wissenschaft. 1850, 1851. = Vulg. d. El. = Vulgare de Elemosynis, Disp. Ros. = Disputatio Rosae cum Viola, De Anima cum corpore, De Peccatore cum Virgine.
Ug. d. L. — Das Buch des Uguçon da Laodho, Tobler, Abhandl. der Königl. Acad. der Wiss. zu Berlin 1884.
Gir. Pateg = Das Spruchgedicht des Girard Pateg, Tobler, Abhandl. der Königl. Acad. der Wissenschaft zu Berlin 1886.
S. d. P. da Bars. = Il Sermone di Pietro da Bargesapè, C. Salviani Zeitschrift für Rom. Phil. Bd. XV.
Card. = Carducci, Cantilene e Ballate Strambotti e Madrigali nei secoli XIII. XIV. Pisa 1871.
Cent. nov. = Cento novelle antiche, v. Biagi, Firenze 1871.
Dante, Divina commedia, Canzoniere La vita nuova, Il convivio (Raccolta Dantesca).

Petr. = Petrarca, Canz. = Canzoniere, Tr. d'Am. = Trionfo d'Amore, Tr. d. C. = Trionfo della castità, Tr. d. M. = Trionfo della Morte, Tr. d. F. = Trionfo della Fama, Tr. d. T. = Trionfo del Tempo, Tr. d. D. = Trionfo della Divinità.

Bocc. = Boccaccio, Dec. = Decamerone, Fil. = Filocolo, Fia = Fiametta, Corb. = Corbaccio, Tes. = Teseide, Filost. = Filostrato, Ri. = Rime, Ninf. d'Am. = Ninfale d'Ameto.

Sacch. = Sacchetti, Novelle Firenze 1724.

Serc. = Sercambi. Novelle inedite tratte dal codice Trivulziano XCIII. per cura di Rodolfo Renier. Torino 1889.

Pucc. = Pucci, Cent. = Centiloquio, G. d. P. = Guerra di Pisa in den Delizie vol. III—VI. und VI S. 169 ff. Firenze 1772—75.

Poem. sacr. = Poemetti sacri del sec. XIV. XV. ed Percopo.

Giust. = Giustiniani, Poesie edite ed inedite di Lionardo Giustiniani herausgegeb. v. B. Wiese, Bologna, 1883.

G. d. Conti. La bella mano. Parnasso Ital.

Poliziano, Stanze. Parn. Ital. Bd. 10.

Lorenzo d. Medici, Sonette, La nencia. Parn. 33,34.

L. Pulci, la Beca, Morgante maggiore (Morg. m.)

Serafino v. Aquila, Stanze.

Ariost, Orl. fur. = Orlando furioso, Sat = Satiren, Cass. = La Cassaria, Supp. = I suppositi, Len. = La Lena, Negr. = Il Negromante, Scol. = La Scolastica, (Ariosto, Commedie e satiri annotate da Giov. Tortoli, Firenze 1856.)

P. Bembo, Sonette. P. Aretino, Son. Cap. J. M. Molza Son.

B. Rota Egloghe pescatorie.

Nic. Franco, Son. A. Caro, Son. G. d. Casa, Son.

L. Tansillo, Il Podere, Le lagrime di S Pietro.

Michelangelo Buonarotti, La Tancia.

Vittoria Colonna, Son.

Berni, Poesie Burlesche, Orlando inamorato rifatto.

Sonette und Poesie Burl. v. Mauro, L. Dolce, Ces. Caporali, A. Fr. Grazzini (Lasca), Gio. Andrea, B. Giambullari.

S. Alamanni, La Coltivazione.

G. Ruccellai, Api.

B. Baldi, La Nautica.

G. B. Giraldi. (Cintio) Egle.

A. Ongaro Alceo.

Tas = Tasso, Ger. lib. = Gerusalemma liberata, Rime, Torr = Il Torrismondo, Aminta, Rin. = Rinaldo, M. Cr. = Il Mondo creato, Il Rogo di Corinna, Amore fuggitivo. (Tasso Opere, illustrate da Prof. Giov. Rosini Pisa 1821—32.).

Tassoni = Tassoni, S. r. = Secchia rapita, Lyriker des XVII. Jahrhunderts. Chiabr. = Gabriello Chiabrera, Test = Fulvio Testi, Filic. = Vicenzo Filicaja. Menz. = Benedetto Menzini.

I.

Die Anregung zu der vorliegenden Abhandlung ist mir durch Dr. B. Wiese gegeben worden, der mich auf eine Besprechung der Arbeit von Wilh. Riese: „Alliterierender Gleichklang in der französischen Sprache alter und neuer Zeit", im Litteraturblatt hinwies, wo Mussafia den Wunsch ausspricht, daſs die Untersuchung auch auf die übrigen romanischen Sprachen ausgedehnt werden möchte. Ich habe im folgenden versucht, darzulegen, in welcher Weise die Allitteration in der italienischen Sprache angewandt ist und welche Ausdehnung sie hier gewonnen hat und dazu die wichtigsten Litteraturerzeugnisse, sowohl poetische als prosaische, von den ältesten Lyrikern und Novellisten an, benutzt, besonders aber die Epoche bis Tasso in Betracht gezogen.

Wenn auch die Allitteration in der romanischen Poesie nicht die Bedeutung haben kann, die sie in der germanischen gewonnen hat, so ist doch festgestellt worden, daſs den Romanen das Gefühl dafür durchaus nicht abging, und daſs die Kunstdichter sie zu gewissen Zeiten recht häufig angewandt haben, um den Wohlklang ihrer Verse zu erhöhen, wenn auch in ganz anderer Weise als die Germanen. Für das Französische ist das festgestellt worden in der Dissertation von W. Riese, und daſs sie im Provenzalischen nicht ungewöhnlich war, haben Bartsch in seiner Ausgabe des Peire Vidal p. LXXXV und Stimming in Bertran de Born p. 263 Anm. 12 und Jaufre Rudel p. 32 bewiesen, wo eine Reihe von provenzalischen Beispielen für die Allitteration angeführt sind. Ueber die Allitteration im Italienischen ist bis jetzt noch nichts erschienen, abgesehen von einigen Bemerkungen, und so ist es wohl erklärlich, dafs was die Begriffsbestimmung der Allitteration anbelangt, man sich in Italien noch selbst nicht recht klar darüber zu sein scheint. Namentlich wird bei den Erklärungen nicht Gewicht genug darauf gelegt, dafs der Gleichklang im Anlaut vorhanden sein mufs. Im grofsen Wörterbuch von Tommaseo und Bellini findet sich folgende Erklärung: Alliterazione: Term. de' Retori e de' Grammatici. Giuoco di parole in cui rincontrarsi lettera a lettera o sillaba a sillaba. Come ne' proverbi: Donna, Danno — o negli scherzi: Famoso e Famelico."

Die Erklärung nimmt also keinen Bezug auf den Anlaut, während die Beispiele richtig gewählt sind. Auch das Wörterbuch von Fanfani und Rigutini giebt keine genügende Begriffsbestimmung. Antonio Restori macht in seiner Ausgabe des Carlo Magno zu den Versen:

Moristi Armenia e l' infelice Dido
Somigliasti, che amando a morte corse.

die Anmerkung: „Osservisi l' alliterazione. Non sarebbe inutile studio vedere come il seicento nelle sue più molle poesie usasse questo mezzo d' armonia." Hier ist also „amando a morte" als beabsichtigte Alliteration aufgefafst. Wenn man so verfahren wollte, so würden sich die Beispiele ins Unendliche mehren, und man würde überhaupt nie sicher wissen, ob der Dichter die Allitteration gewollt hat, oder ob sie nur zufällig vorhanden ist. Die zutreffendste Erklärung giebt vielleicht Pitré in der Vorrede zu seinen Proverbi Siciliani pag. XCVI. wo er sagt: Affine alla rima, l' alliterazione è una altra particolarità non accidentale de' proverbi. Una o più lettere con le quali si comincia una delle prime sillabe del proverbio si ripete modificata e serve di cominciamento e di legame o richiamo mnemonico a un altra che segue. Nei proverbi siciliani l' alliterazione è molto frequente."
Hier ist also von Anlaut die Rede. Ich werde in der folgenden Abhandlung das bisticcio und ähnliche Wortspiele, in denen viele auch Allitteration sehen wollen, im allgemeinen ganz unberücksichtigt lassen und überhaupt nur solche Fälle ver-

zeichnen, wo man mit Sicherheit annehmen kann, dafs der Dichter die Allitteration beabsichtigt hat. Die wirkliche Allitteration in unserem Sinne ist im Italienischen so zahlreich vertreten, dafs zweifelhafte Fälle ganz unberücksichtigt gelassen werden können.

In betreff der äufseren Form der Allitteration sind noch einige Besonderheiten zu berücksichtigen. Während in den germanischen Sprachen die verschiedenen Vocale durch Allitteration gebunden werden konnten, ist dies im Italienischen, wie überhaupt in den romanischen Sprachen nicht der Fall. Nur die gleichen Vocale können mit einander durch den Anlaut gebunden werden, und daher ist natürlich die consonantische Allitteration die Hauptsache. Der Vocal — a — bildet vielleicht für das Italienische eine Ausnahme, da sich aufserordentlich viele Beispiele von Allitteration mit diesem Laute finden, was wohl daraus zu erklären sein dürfte, dafs derselbe hier sehr stark verbreitet ist. Die anderen Vocale sind jedoch ebenso wie im Französischen nur schwach vertreten. Im übrigen ist nur wenig hinzuzufügen. Bei Worten, die mit einem Praefix zusammengesetzt sind, kann dies eventuell unberücksichtigt bleiben, und so das zusammengesetzte Wort mit einem einfachen Stammworte allitterieren, z. B.: frale ed infermo, dura: desdignosa, dolore: disdegno, afflitti: frali, dispietata: pia, frange ed affrena, disdegnosa: dolente. — Schwieriger ist die Entscheidung, ob Allitteration vorliegt oder nicht, wenn von den in Frage kommenden Worten eins mit einem Praefix beginnt, die Stammworte aber verschieden anlauten. Die Vorsilbe kann hier wohl mitgerechnet werden, namentlich wenn die beiden Bestandteile des zusammengesetzten Wortes so verschmelzen, dafs sie nicht mehr deutlich zu erkennen sind. Als allitterierend kann man also z. B. wohl ansehen: diletto: dolor, diletti: doglie, speme: sostegno, parole: promesse, danno: disnore, doglia: desire, circonda: cigne. Ausschliessen muls man jedoch wohl Fälle, in denen nur die Praefixe den gleichen Anlaut haben, wie in incora: inamora, ristoro e ricompenso, ricorde e ritene, da hier der Gleichlaut der Form durch die Bedeutung, die in der Vorsilbe liegt bedingt wird. Anders liegt jedoch die Sache, wenn bei gleichem Praefix auch die Stammworte mit demselben Buchstaben beginnen wie bei „immoderata: immensa"; hier ist natürlich jeder Zweifel ausgeschlossen.

Eine andere Abweichung von den germanischen Sprachen liegt in der Betonung. Im Germanischen mussten die allitterierenden Anlautsilben betont sein, für das Italienische ist dies nicht nötig, wie aus den Beispielen zur Genüge hervorgeht. Es würden ja auch sonst nur wenig Worte wirklich allitterieren können.

Was nun die allitterierenden Worte anbetrifft, so sind es im Italienischen meist zwei mit einander verbundene Substantiva, Adjectiva oder auch Verba also gleiche Redeteile, die zusammengestellt werden, lediglich um den Wohllaut des Verses zu erhöhen. Jedenfalls kann man sich mit wenigen Ausnahmen nur in solchen Fällen über die Absicht des Dichters die Allitteration anzuwenden, klar sein. Bei Verbindungen von Substantiven und Adjectiven, die gleichen Anlaut haben, wie z. B.: pietosi prieghi, pietose parole, chiaro colore, tenebroso tempo, ferma fede wird man nur in den seltensten Fällen behaupten können, dafs der Dichter diese Worte des gleichen Anlauts wegen zusammengestellt hat, selbst wenn sich solche Verbindungen öfter wiederholen. Ebenso gehören Verbindungen ungleicher Redeteile und zwar von Wörtern, die denselben Stamm haben nicht hierher, sondern sind zu den etymologischen Figuren [1])

[1]) Die etymologische Figur ist in manchen Schriftstellern durchaus nicht selten. So finden sich in Boccaccio sehr viele Beispiele dafür, z. B.: di tanto *amor l'amara* Fil. 5.; che voi per *amor amiate*. Dec. X. 6.; *armata* di bellissime *arme*. Ninf. d'Am. *coronar* della mia *corona* Fil. 4.; con *desiderio desiderava* Fil. 6.; per soverchio *dolor dolente* Fil. 6.; de miei *dolori* mi *doleva* Fil. 6.; a lei cari *doni donati* Fil. 7.; vi *donerò doni* Fil. 7.; Che non si può *frenar* con alcun *freno*. Tassoni Secchia rap. *gioia gioiosa* Fra Guittone A. R. V. *giuocare* nel *giuoco* Fil. 3.; lo *invitatore invitato* Fil. 5.; quando da uno e quando da altro *impedimento impedito* Fil. 6.; di *macchie* oscurissime *macchiato* Fiam. di mala *morte morirono* Decamerone IV 4.; di mala *morte mori* Cent. nov. fu d'altissime *mure murata* Ninf. d'Am. Gioiando sempre e onorando *onore* Fra Guittone d'Arezzo. A. R. V.; *parole parolare*

zu zählen. Auch Figuren wie arsi ed ardo, serbai e serbo, è piaciuto e piace, l'hanno chiamato e chiamano, — ferner non credute e non credibil cose, nè caccia ci sarà nè cacciatore, cavalli e cavallieri, donne e donzelle, di cadenti guerrieri e di caduti etc. sind nicht mitzurechnen. Ferner muſs man stets die Frage im Auge behalten, ob der Dichter die Allitteration gewollt hat, oder ob er sich nicht anders hat ausdrücken können. In Zusammenstellungen wie „tante: tale, privata: pubblica, virtuti: vizj. etc. ist der gleiche Anlaut natürlich zufällig ohne Absicht des Dichters vorhanden, der diese Worte ja auch dann zusammenstellen müſste, wenn sie nicht allitterieren würden. Wenn man solche Fälle von der Allitteration ausschlieſst, so wird man im groſsen und ganzen die Gewiſsheit haben, daſs man nur sichere Fälle verzeichnet. Damit ist nicht gesagt, dass immer zwei Glieder mit einander verbunden sein müssen, es finden sich auch Beispiele, wo die Allitteration sich durch ein ganzes Gedicht hindurchzieht, oder wo wenigstens alle Worte eines Verses den gleichen Anlaut haben, namentlich bei Schriftstellern, die die Allitteration überhaupt häufig verwenden. Hier liegt auch dann oft bewuſste Anwendung der Allitteration vor, wenn ungleiche Redeteile zusammengestellt sind, wie z. B. in den Versen Tassos:

Lutto e *lamenti* e *lagrimosi lai*, Torr. v. 6. oder *Lieto lasciando lagrimosa luce*. Rog. d. Cor. Jedoch abgesehen von den Sprichwörtern sind das verhältniſsmäſsig seltene Fälle und bei den alten Lyrikern mehr als Spielerei anzusehen. Ich werde unten noch darauf zurückkommen.

- - -

Filocolo 3.; prendere il *partito* del *partire* Fil. 4.; le nostre *ragioneroli ragioni* Cento nov. Dee il *servito servidor servire, servito* come *servo* Nic. Soldanieri (Carducci) per mia *sposa* con letizia *sposai* Fil. 6.; con soave *toccamento toccato* Fil. 3.; *Temi* col suo *timor*, *duosli* col *duolo* Tasso Torrismondo V. 4. Perchè *tormenti* il *tormentato* petto- E pur *traffigi* il mio *traffitto* core Tasso Rime. di vilissimo *restimento restito* Fiammetta, *vestita* da bruni *vestimenti* Fil. 5. . . . .; parmi esser quel che *vive* in *vita* tale Vitt. Colonna Stanze. *Viver vita* Tasso Torrismondo. IV. 4. — Es werden sich jedenfalls auch in anderen Autoren Bespiele finden lassen.

Die Allitteration beruht also im Italienischen im grofsen und ganzen darauf, dafs zwei oder auch drei gleich anlautende Substantiva, Adjectiva oder Verba zusammengestellt werden. Die so verbundenen Worte haben gewöhnlich denselben oder einen verwandten Sinn, so dafs die Absicht des Dichters, die Allitteration zu verwenden, klar zu erkennen ist, wie in: doni: doti, lumi: luci, foco: fiamma, lamenti: lai, lagrime lamenti, amare: acre, fiori: foglie, fraude: forza. — Seltener sind sie einander gegenübergestellt: diletto: doglia, dolor: dolcezza. Die Verbindung geschieht meistens durch e aber auch durch o-o: o morbido o molle, durch nè-nè: nè figura nè forma, durch nè-ma: nè per dolor ma per dolcezza. Ich erwähne noch dafs Verbindungen von zwei gleichanlautenden Personennamen, die in der französischen Chanson de geste und auch in anderen Sprachen ziemlich häufig ist, und wo durch den gleichen Anlaut die Verbindung der beiden Personen auch äusserlich dargestellt werden soll, im Italienischen selten sind. Ich führe an:

Beritorio e *Belluccio* Sercambi 58.
Lisbetta e *Lorenzo* Decamerone X. 5.
Guiscardo e *Ghismonda* Dec. IV. 1.
Bruno e *Buffalmaco* Dec. VIII. 3.
Filomena e *Fiammetta* Dec. IX. 10.
Monna *Berta* e Monna *Baja*. Caro. Son.
Palla e *Pomona* Alamanni Coltivaz. I. 40.
Tasso stellt zusammen Torrismondo 1. 3.
Alcide, Achille, Alessandro.
Petrarca:
Temistocle, Teseo. Trionfo d. Fama II. 31.
Socrate e *Senefonte* Trionfo d. Fama III. 10.

II.

Wenn Wölfflin in seiner Abhandlung über die allitterierenden Verbindungen der lateinischen Sprache annehmen zu können glaubt, dafs was die romanischen Sprachen anbetrifft, die Allitteration im Italienischen am schwächsten vertreten sei, so kann ich dem nicht zustimmen. Ich möchte sogar behaupten, dafs dies Mittel, die Sprache charakteristisch zu prägen, gerade hier, wenigstens in gewissen Litteraturperioden, eine ungewöhnlich grofse Ausdehnung gewonnen hat. Es liegt ja allerdings erst eine derartige Untersuchung über die französische Sprache vor, aber wenn man die hier angeführten Beispiele mit den Italienischen vergleicht, so mufs sofort auffallen, dafs die letzteren weit zahlreicher und mannigfaltiger sind. Es ist ja auch kein Grund vorhanden, weshalb die schöne, fliefsende italienische Sprache sich dies Mittel sprachlicher Eleganz hätte entgehen lassen sollen. Und so finden wir denn die Allitteration angewandt in jeder Periode der italienischen Litteratur, von den ältesten Zeiten hinauf bis in unsere Tage.

Was nun die italienische Prosa anbelangt, so ist hier die Allitteration natürlich nur schwach vertreten. Wir müssen hier wohl vor allen Dingen die alten Novellen, die Prosaschriften Dantes und Boccaccio berücksichtigen. In den Cento antiche novelle finden sich wenig und nicht derartige Beispiele, die auf eine bewufste Anwendung der Allitteration schliefsen lassen. Dasselbe ist in den alten Novellensammlungen, z. B. in denen von Sacchetti und Sercambi der Fall. Auch Dante war, wie wir später sehen werden, kein Freund der Allitteration, so dafs man die wenigen Fälle, die sich in seinen Prosaschriften finden, wohl mehr als zufällig wie als beabsichtigt ansehen mufs. Anders ist es dagegen bei Boccaccio. Hier finden sich in fast allen Prosawerken verhältnifsmäfsig zahlreiche allitterierende Verbindungen, die beweisen, dafs er die Allitteration mit vollem Bewufstsein angewandt hat. Das erscheint auf den ersten Blick um so merkwürdiger, als sie in seinen poetischen Schriften weit weniger zahlreich sich findet, obwohl doch die Poesie das eigentliche Gebiet der Allitteration ist. Betrachtet man jedoch die allitterierenden Verbindungen Boccaccios genauer, so wird man eigentümliche Uebereinstimmungen finden, zwischen ihm und einer Reihe von lateinischen Autoren, die in vielen ihrer Werke dieselben Worte zusammenstellen wie er. Ich führe hier die wichtigsten derselben an. Die lateinischen Verbin-

dungen sind aus Wölfflin entnommen. So finden sich in
Fiammetta:

sogno e sonno	*somnus: somnium*, Fronto
frondi: fiori	*frondem: flores*
pallido: pauroso	*pavor: pallor*, Lactanz

Im Filocolo:

frondi: frutti	*fruges: frondes*, Lucrez
fallace: falso	*falsus: fallax*, Cicero
nascere: nutricarsi	*nati: nutriti* Orosius
capo: cuore	*cor: caput*, Livius
dolore: disio	*dolor: desiderium*, Cicero
cuori: corpi	*cor: corpus*, Plaut. Oros.
acetosa: agra	*acer: acidus*, Vitruv.

Im Decamerone:

santo e savio	*sapiente: sancto*, Cicero
veduto e visitato	*videre: visere*, Cic. epist
sano e salvo	*sanus: salvus*, Cic. epist
voce e vista	*visus: vox*, Tacitus
amistà: amor	*amor: amicitia*, Terenz
festa o feria	*feriarum: festorum*, Cic.
forte: fido	*fortis: fidus*, Sallust
lieto e libera	*libertas: laetitia*, Tertull.
salva nè sicura	*salvus: securus*, Capit.
sangue: spirito	*spiritus: sanguis*, Plin.
fiumi: fontani	*flumina: fontes* {Lucrez / Ovid
catene: carcere	*carcer: catenae*, Florus.

Nun besafs Boccaccio ja eine ziemlich gründliche auf ausgedehnter Lectüre beruhende Kenntnifs der lateinischen Litteratur. Jedenfalls kannte er alle oben angeführten lateinischen Autoren und einige davon wie Cicero, Plinius, Ovid, Livius. Orosius sind von ihm in grofsem Umfange benutzt worden.[1]) Man kann also wohl annehmen, dafs die zahlreichen allitterierenden Verbindungen, die sich in diesen Schriftstellern finden,[2]) einen Einflufs auf Boccaccio geübt

---

1) cf. Koerting, Leben und Werke Bocc. S. 385.
2) cf. Wölfflin, Die allitt. Verb. d. lat. Sprache.

haben und so die Eigentümlichkeit erklären, dafs sich bei
ihm verhältnismäfsig zahlreich allitterierende Verbindungen
finden, während sie bei den anderen Prosaschriftstellern
seiner Zeit selten sind. Dies scheint auch aus den etymologischen Figuren, die Boccaccio mit grofser Vorliebe verwendet,
und die sich ebenfalls oft in lateinischen Autoren wiederfinden,[1]) hervorzugehen.

Eine viel ausgedehntere Anwendung als in der Prosa
hat natürlich die Allitteration in der Poesie gefunden. Nur
die Poesie ist ja auch dazu geeignet, die Allitteration als
Kunstmittel in grösserem Maafse zu verwenden. Ich möchte
gleich von vornherein erwähnen, dafs bei Tasso und bei
den Dichtern, die zu seiner Zeit leben, die Allitteration
ihren Höhepunkt erreicht hat. Es macht sich überhaupt,
von den alten Lyrikern abgesehen, ein stetes Fortschreiten
in ihrer Anwendung geltend. Bei Dante finden sich wohl
Beispiele, aber sie sind doch recht selten, und wenn sich
in einem Werke wie die Divina Commedia nur ungefähr
ein Dutzend allitterierende Verbindungen finden, so ist dies
wohl ein Beweis, dass der Dichter für dies Kunstmittel
durchaus keine Vorliebe besessen; wenn man ferner bedenkt,
dafs eine Zusammenstellung von zwei Substantiven, Adjectiven
etc. überhaupt häufig ist, so mufs man der Wahrscheinlichkeitsrechnung gemäfs annehmen, dafs solche Zusammenstellungen bei Dante nur zufällig allitterieren, ohne dafs der
Dichter dies beabsichtigt hat. Etwas anderes ist es bei
den alten italienischen Lyrikern, besonders bei denen, die
Dante als sicilianische Dichterschule bezeichnet, die also
pem „dolce stil nuovo" vorausgehen. Dies ist um so eigentümlicher, als die Sprache dieser Dichter unbehilflich und

---

1) cf. Landgraf, Etymol. Figuren in d. Acta sem. Erlang. Bd. II.
Ich führe hier einige der übereinstimmenden Fig. an: *armata di bellissime
armi* Bocc. Ninf. d'Am. *armis armatus* Cic. leg. agr. II. § 101. con *desiderio desiderara* Filoc. VI. *desiderio desiderare* Isid. ep. I. de miei
dolori mi *doleva* Fcl. VI. *dolore dolere* Verg. Am. I 669 vi *donero doni*
Fil. VII. *donare dono* Liv. Vitruv. di *macchie macchiato* Fiam. III.
maculis maculare Pl. Cpt. 595 di mala *morte morirono* Dec. 10. 4. *morte
mori* Sall. *vestita* da bruni *vestimenti* Fil. v. *reste vestitus* Pl. Rud. 265.

schwerfällig ist, und man eigentlich nicht die häufige Anwendung der Allitteration erwarten sollte. Man sucht also hier ebenso wie bei Boccaccio unwillkürlich den Grund, weshalb verschiedene dieser alten Lyriker die Allitteration häufig verwandten, während sie später zur Zeit Dantes fast gänzlich schwindet. Der Gedanke an die provenzalischen Troubadours liegt hier sehr nahe. Diese italienischen Dichter dichteten ja hauptsächlich nach provenzalischem Muster, und auch die Künstelei der Form ist aus der Provence nach Toscana hinübergenommen.[1]) Troubadours wie Peire Vidal, Raïmbauts de Vaqueiras, Gaucelm Faidit, Uc Faidit, Uc de St. Cyr, Aimeric de Pegulhan hielten sich selbst in Italien auf und übten den gröfsten Einfluss auf die alten Lyriker, die ja selbst die provenzalische Sprache genau kannten und studirten.[2]) Die Fehler und Verirrungen der provenzalischen Lyrik gingen von der Provence nach Italien hinüber, und die Spielerei mit Worten, die Wiederholung desselben Wortstammes findet sich eben so häufig bei den alten Lyrikern wie bei den Troubadours. In der provenzalischen Dichtung war nun die Allitteration, wenn auch nicht gerade allzu häufig doch wohlbekannt. Sie diente nach Bartsch[3]) den provenzalischen Dichtern „als treffliches Mittel den Wohllaut ihrer Verse zu erhöhen und so mit dem Laute zu malen." Nun zeigen gerade die italienischen Dichter, die die provenzalischen Troubadours besonders eifrig studirt und ihnen nachgeahmt haben, wie z. B. Fra Guittone d'Arezzo eine besondere Vorliebe für die Allitteration, und man kann also auch diese Eigentümlichkeit der alten Lyriker ebenso wie alle anderen durch den Einfluss des Provenzalischen erklären. Im folgenden stelle ich einige Beispiele von Allitteration

---

1) cf. Gaspary: Geschichte d. ital. Litteratur I. S. 81.
2) cf. Gaspary: Sicilianische Dichterschule.
3) Ich verweise hier auf Bartsch, Peire Vidal S. LXXXV., Stimming, Bertran de Born S. 263. Anm. 12, und Stimming, Jaufre Rudel S. 32, ferner auf Roemer, „Die volkstümlichen Dichtungsarten der altprovenzalischen Lyrik", die Beispiele der provenzalischen Allitteration gesammelt und angeführt haben.

zusammen, wo die letzteren mit den Troubadours übereinstimmen:

e tu *bello* più e *buono* Fra Guittone A. R. V. 163. Che tanto foste *buona* quanto *bella* Canz. chig. 347. provenzal.: *covinens* e *bel* e *bona* Peire Vidal Bartsch XVII. 2. qu'es avinens e *bels* e *bos*. id. 23.

nè *bruna* nè *bianca* Notaro Giacomo A. R. V. 5. provenz.: *brun* e *blanc* P. Vidal B. VI. *bays* e *bruns* e *blanc* e ros Pierre Cardinal. Mahn II. 77.

Ave par mi sfaccia lo *corpe* e lo *core* Fra Guittone. A. R. S. 137. che tene casto *corpo* e *core* Fra Guitt. A. R. V. 165. *core* e *corpo* e vita Messer Tomaso da Faenza. provenzal.: *sen* e *saber*, *cors* e *cor* Aimeric v. Pegulhan Mahn II. 6.

E donna pro *cortese* e *conosciente* Fra Guitt. A. R. V. 434. — provenz.: e *cortez* e *conoissens* P. Vidal Bartsch XIX. 36. Pros e *corteza* e *conoissentz* Uc. v. St. Cyr Mahn II. 7. che *doglia* e *danno* sempr' è a lui stagione Fra Guitt. A. R. V. 47. e 'l *dol* e 'l *dans*. Pierre Cardinal Mahn II. 12.

o sono *fella* e *falsa* A. R. V. 804. provenz.: ni es *falsa* ni *fellona* P. Vidal. B. XVIII. 27. Agra gent, *falsa* e *fellona* P. Cardinal Mahn II. 11.

La mia vita è si *forte* e dura e *fera* A. R. V. 77. provenz.: qu'es *fers* e *fortz*, e *fer* e *fissa* Raim. Escrivan (Roemer. Volkstüml. Dichtungsart).

fior nè *foglia* Mannale 199. il *fiore* e la *foglia* Chiaro A. R. V. 263. prov: *folh* e *flor* P. Vidal Bartsch I. 21. *flors* ni *folhas*. id XXXIV. 2. De belas *flors* e de vert *fuelh* Arnaut Daniel Mahn II. 2.

Se' *fiore* e *frutto* A. R. V. 95. provenz.: *folh* e *fruit* e *flor* P. Vidal B. I. 38. e *flors* e *frugz* de totz bos complimens. Aimeric v. Pegulhan Mahn II. 171.

Di *seni* e di *saver* Monte A. R. V. 666. *Senno*, *savere* Giov. Marotolo Mannale 239. provenz.: totz *bos sens* e totz *bels sabers*- P. Vidal B. V. 10. *Sen* e *saber* P. Vidal B. XXIII 17. E eu trobar avetz *saber* e *sen*. Blacatz bei Mahn II. 3.

Es werden sich gewifs noch eine Menge übereinstimmender allitterierender Verbindungen finden lassen.

Jedenfalls aber glaube ich annehmen zu können, dafs die alten italienischen Lyriker die Alliteration von den Provenzalen erhalten haben. Sie ist auch durchaus nicht bei allen italienischen Dichtern dieser Periode häufig. So finden sich z. B. im Canzoniere chigiano wenig Beispiele bis auf eine Reihe anonymer Dichtungen, namentlich No. 328, 330, 334, 335, 339. Hier findet man unzweifelhafte Fälle von beabsichtigter Allitteration, so in 328. Peccato, poverta, paura e pene e d' ogni pena tumm a ben si pulito, che più che vita morte disire; 330, di dolgla e disio; 334, bel foss e sano e sagi; 335, Se fosse cor o corpo o sol udire; 339, Che non douresti si forte sentire d' ira, d' angoscia, d' affanno o d' amore; 347, Che tanto foste buona quanto bella; 348, or son i fella o falsa o malfatt aggio. — Hier könnte die Allitteration, wenn sich noch andere Criterien aufstellen liefsen, ein Mittel bieten, um auf dieselbe Autorschaft zu schliefsen.

Wie dann später die Vorliebe für die Allitteration in Verskünstelei und Spielerei ausartet, so auch bei den alten Lyrikern Italiens. Ich führe im Folgenden einige Beispiele hierfür an:

[1]) Per amore amaro pede tene in tana
    E smonta amante di bono bene non cura
    Cara ne vile vole im pene talimpana
    Chen more in mare di morte dira dura.
    I reo loco lo loca e facie vena vana
    Tra male mole matta si mette e tura
    Tira a pegio pogia di male mene mana
    E frutto afretta di reo sovoro savora
    Savero avere vole suo core caro
    Lo loco laco che ria parti aporti
    Ne forza im forza altrui penguo sempugna
    Di volere valore vole calo fero faro

---

1) cf. Le Antiche Rime volgari Vol Y. S. 466, wo versucht wird, das Gedicht zu interpretieren.

E guada se bene guida in bona sorte sorti
Se lascia l' uscio d' amore non segui a songna.
Ser Cione A. R. V. 1519.

Auch einen Scherz eines Notars über die Namen seiner Collegen, publ. im Propugnatore Nuova Serie III. 2 S. 167, möchte ich hier noch anführen:

> Ser Conti canti con te.
> Ser Nieri a Nera la nora.
> Ser Nello de nallo a nulla.
> Ser Arrigho arregha de fichi dal foco.
> Ser Vanni venne die Vienna.
> Ser Lando li n' dà di quel ch' elli à.
> Ser Signore s'egnora di fare fero oflicio.
> Ser Michele mi chale di mi chulo.
> Ser Tantobene tant' à bono tante bino.
> Ser Lapo à lupo sull' epa.
> Ser Vanni dal fango a funghi di fingha.

Doch solche Verirrungen und Spielereien sind glücklicherweise auch unter den alten Lyrikern nicht allzu häufig und kommen später, als der provenzalische Einfluſs aufhört, nur selten noch vor.

So gäbe es also in der ältesten Periode der italienischen Litteratur weder in der Prosa noch in der Poesie eine selbstständige Anwendung der Allitteration, wenn die Voraussetzung richtig ist, daſs die alten Lyriker sie den Provenzalen nachgeahmt haben, und Boccaccio seine allitterierenden Verbindungen aus lateinischen Autoren geschöpft hat. Von Petrarca ab wird es jedoch anders. Sowohl er wie Ariost in seinem rasenden Roland, Pulci, Alamanni, Ruccellai, Annibal Caro, Berni u. v. a. wenden die Allitteration häufig an, und die Vorliebe dafür nimmt beständig zu. Ich erwähne hier eine Stelle aus Pulcis Morgante maggiore gegen Ende des Cante XXIII.:

> La casa cosa parea bretta e brutta
> Vinta dal vento, e la natta e la notte
> Stilla le stelle, ch' a tetto era tutta

Del pane appena ne dette t a dotte:
Pere avea pure e qualche fratta frutta:
E svina e svena di botto una botte
Poscia per pesci lasche prese a l' esca
Ma il letto allora a la frasca fu fresca.

Keiner dieser Dichter geht jedoch in der Anwendung der Allitteration so weit wie Torquato Tasso. Auch bei ihm ist die allitterierende Verbindung von zwei gleichen Redeteilen die Hauptsache, und man findet deren hundert und aber hundert in seinen schönsten Versen. Tasso's schöne, melodische Sprache eignet sich besonders für solche Kunstmittel, und auch hier zeigt er sich als Meister der Verskunst. Bei ihm schwindet jeder Zweifel, dafs er die Allitteration mit der bestimmten Absicht angewandt hat, die Eleganz und Schönheit seiner Verse zu erhöhen. Dabei vermeidet er jede Spielerei und weifs durch viele Verse, in denen er auch oft von der gewöhnlichen Art der allitterierenden Verbindung abweicht, sehr schöne Wirkungen zu erzielen. So liebt er z. B. die Zusammenstellung von zwei allitterierenden Substantiven mit zwei allitterierenden Adjektiven:

I nuovi frutti e le novelle foglie, Rim. I, S. 299.
Languido lume e lagrimosa luce, Rime.
Fato crudel, fiamme crudeli, Rog. d. Cor.
{ *Santi leggi* d' amore e di natura;
\ *Sacro laggio* ch' ordio Rime. Intermedio I.
Seguir le fere fugaci e le forti.
Atterrar ... Aminta I, 1.
E cede a *forza* al *fiero* ostil *furore*, Rim. 81.

Bei anderen Dichtern finden sich auch solche Beispiele, wenn auch weit seltener: *raghi fiori e rarj frutti*. Benivieni Stanze con *voce tremante e riso tristo*, O. furios. I, 74. *E sbuffan beffe con ischerno e scorno* Pulci M. m. XI Scudi ferrati, usberghi e piastra e maglia *Sferra, spezza, scarezza, squarta e smaglia* Berni Orl. innamor. 43, 27.

Von Tasso erwähne ich sonst noch:

Lutto e lamenti e lagrimosi lai Torr. Y. 6.
Lieta lasciando lagrimosa luce, Rog. o. Cor.
Mancano l' arme all' ira o l'ira all' alma, Torrism. V. 1.
Ma troppo forte fu, troppo fu fiero, Rin. XI. 81.
Volli una volta e disvolor non voglio, Rime.
{ *O de' fiumi, o de' fonti;*
{ *O del mare, o de' monti*, Rime I. 275.

So würde Tasso allein schon ein Gegenbeweis sein, dafs, wie Wölfflin meint, die Allitteration im Italienischen nur schwach vertreten sei. Eher könnte man vielleicht das Gegenteil behaupten. Das steht jedenfalls fest, dafs weder in der französischen noch in der italienischen Sprache ein Dichter die Allitteration in so ausgedehnter, eleganter und geschmackvoller Weise angewandt und so schöne Wirkungen damit erzielt hat wie Torquato Tasso.

III.

Es ist ganz natürlich, dafs eine Reihe der allitterierenden Verbindungen, namentlich diejenigen, die sehr häufig gebraucht werden, Eigentum der italienischen Sprache geworden sind und eine besondere Bedeutung erlangt haben. Ich zähle die wichtigsten hier auf:

„*bello* e *buono*" drückt häufig etwas in jeder Beziehung vollendetes aus. Auch im ironischen Sinne wird es für „effettivo" gebraucht. Z. B., E un ignorante bell' e buono. — E una birba bell' e buona.

„*nè capo nè coda*" = non esservi, non trovarvi alcun ordine, regola, nè via nè verso: In quel libero non è capo nè coda.

„*crudo, cotto*", 1. „Farne delle crude e delle cotte" suol dirsi di chi commette ogni sorta di male opere. 2. „Non volere una persona nè cruda, nè cotta" = Nichts davon wissen, damit zu thun haben wollen. 3. „Non l' ho più visto nè cotto nè crudo" sagt man von Jemand, den man lange nicht mehr gesehen, von dem man keine Nachricht mehr hat.

„a *ferro* e a *fuoco*" mit Verben wie andare, mettere etc.

heifst vollständig zerstören, vernichten: „Appena i nemici furono entrati, la misera città fu posta a ferro e fuoco".

„a fuoco e fiamma" mit den Verben andare oder mettere: 1. Misero il paese a fuoco e fiamma. 2. „Far fuoco e fiamma" von einer Person gesagt, heifst so viel wie: sich mit aller Kraft bemühen, etwas zu erlangen. Z. B.: „Fece fuoco e fiamma per ottenere quell' impiego, ma rimase a mani vuote".

„in fretta e furia" z. B. „Si vestì in fretta e in furia e partì subito".

„grande e grosso" sagt man oft von einer Person, und zwar meistens in Ausdrücken, die einen Vorwurf, einen Tadel in sich schliefsen. Z. B.: „Eccolo lì; è grande e grosso e non si vuol piegare a nullo".

„mari e monti." Prometter mari e monti = Viele grofse Dinge versprechen.

„sano e salvo." Frei von jeder Gefahr. Z. B. Ritornarono sani e salvi.

„vivo, verde" in familiärer Weise von einer Person gesagt, heifst es so viel wie lebendig und gesund: „Mi dissero che era morto, e invece è sempre vivo e verde. Dann auch in folgendem Sinne: „Moltissime voci dei nostri più antichi scrittori son sempre vive e verdi".

IV.

Ich möchte nicht schliefsen, ohne noch der italienischen Sprichwörter zu erwähnen, die die Allitteration in reichem Mafse anwenden. Sie läfst sich hier natürlich nicht in so enge Fesseln schlagen wie da, wo sie als Kunstmittel von den Dichtern gebraucht wird, sondern tritt gewissermafsen freier und ungezwungener auf, bald als allitterierende Verbindung, bald durch verschiedene Wörter des Sprichwortes hindurchgehend, auch wenn diese nicht gleiche Redeteile sind. Oft ist es in solchen Fällen natürlich schwer zu unterscheiden, ob Allitteration vorliegt oder nicht, hier kann der Zufall eine weit gröfsere Rolle spielen, aber der unzweifelhaft sicheren Fälle sind doch auch sehr viele, und sie kommen in allen Mundarten der italienischen Sprache vor. Mir haben besonders toscanische und sicilianische Sprichwörtersammlungen zu Gebote gestanden, aus denen ich eine Reihe solcher, in denen die Allitteration vertreten ist, anführe:

Chi non risica non rosica. 149.
Bontà passa beltà. 250.
Guardati da tre C: cugini, cognati e compari. 266.
Donna pigra, donna povera. 516.
Chi fugge fatica, fugge fortuna. 650.
Tre furfanti fanno una forca. 729.
In Italia troppe feste, troppe teste, troppe tempeste. 867.
Lotto, lusso, lussuria e Lorencsi. 870.
La luna fa lume ai ladri. 929.
I matrimoni e maccheroni. — Se non son caldi non son buoni. 946.
Farina, Festina, Forca. 1133.
Nodritura passa natura. 1169.
Pisa pesa per chi posa. 1358.
Porta aperta, per chi porta. — E chi non porta, parta. 1380.
Uomo poltrone, uomo poverone. 1395.
A Prato c' è più preti che a Pistoja porci. 1402.
Procuratori, pelatori, piluccatori, periculatori. 1420.
Promettere mari e monti. 1869.
Fallire — far lire.
Li modi vannū e vennū. Pitré I, S. 5.
Cūi la voli cotta, cui la vola cruda. P. I, S. 15.
Cui suspira, spera. P. I, S. 15.
A mandra e marina vacci la matina,
A mànnara e mulinu arrivacci matinu. P. I, 28.
La fava fa la via. P. I, 48.
Nūn mettiri mazza, ca t' ammazza. P. I, 55.
Brigghia e bacchetta fannu bon cavaddu. P. I, 123.
Briglia e biada, striglia e strada,
Briglia e sprone fanno il caval buono. Tosc. P. I, 123.
Pecura salata, pecura sanata. P. I, 136.

Pecora salata, pecora sanata. Tosc. P. I, 136.
Grande e grosso mi faccio Dio;
Chè bianco e rosso mi farò io. Tosc. P. I, 160.
La laida e lagunsa è bona vinturusa. P. I, 168.
Lu lupu nun si cura;
Si la carni è cotta o crura. P. I, 201.
Nè mulu, nè mulinu, nè signuri per vicinu, nè cumpari cuntadinu. P. I. 223.
Nè mulo nè mulino, nè fiume nè forno, nè signore per vicino. Tosc. P. I. 223.
Nè d' ün frer, nè d' ün fornir, nè d' ün sonadur de violì no staga mai visì. Berg. P. I, 223.
Pocu faidda fa gran focu. P. I. 269.
A cani malu, catina curta. P. I, 284.
Mari, fuoco e fimmini, Ddiu mi scanza. P. II, 7.
Mare, fuoco e femine tre male cose. Tosc. P. II, 7.
Fimmini, fulmini. P. II, 85.
Mariti e muli vonnu stari suli. P. II, 95.
Manti e mariti, tenili cari, cà cu stannu assai. P. II, 102.
Mariti, massàrū e mugghieri lagunsa Una fa el' autra sfà la casa. P. II, 103.
L' omu pensa e Diu dispensa. P. II, 164.
Famigghia, fami. P. II, 206.
Fimmini e frumentu nun perdunu tempu. P. II, 207.
Paroli e pinni la ventu li porta. II, 246.
Paroli, palamiti II, 246.
Chiddu chi veni di riffi e raffi;
Si nni va di biffi e baffi. P, II, 277.
Quel che vien di ruffa raffa;
Se ne va di buffa in baffa. Tosc. P. II, 277.
La roba venuta col finfirinfi
Se ne va col fanfaranfà. Tosc., Umbr. P. II, 277.
Quel che vien de tinche tanche
Se ne va de ninche nanche. Ven. P. II, 277.
Chi non ruba non ha roba. Tosc. P. II, 278.
La roba fatta a furtin, dur a duranti fruttū. P. II, 282.
Carta jittata, carta jucata. P. II, 311.
Monaci, muli. P. II, 426.

Ehe ich ein Verzeichnis der allitterierenden Verbindungen der italienischen Sprache gebe, möchte ich noch bemerken, dafs es mir nicht möglich war, der Nachfolger Tassos habhaft zu werden, obgleich es sehr interessant sein müfste zu untersuchen, in wie weit diese Dichter in betreff der Allitteration ihrem Vorbilde nachgeeifert haben. Das wenige, was sich in der Arcadia della scienza findet, genügt nicht, um in dieser Beziehung ein Urteil zu fällen. Wenn man Antonio Restori glauben darf, so ist gerade das seicento reich an Allitterationen, obgleich, wie schon oben erwähnt, das Beispiel, welches er im Carlo Magno S. 70 Anm. 1 anführt, meiner Ansicht nach nicht als beabsichtigte Allitteration aufgefafst werden darf. Im übrigen ist es ja wohl ganz natürlich, wenn die Nachfolger Tassos ihrem grofsen Vorbilde auch hierin nachgeeifert haben.

Alphabetisches Verzeichnis der allitterierenden Verbindungen.

I. Substantiva.

A.

abito : arnese.
Quivi d'estrano cavalier sembianza L'ebbe Marfisa all' abito e all' arnese. Orl. fur. XX. 108.

abito : atto.
Persona abito e atto — Mi sembra in voi ben atto. Fra Guitt. A. R. V. 183.

affanno : amore.
in affanno e in amore. Bocc. Fia. VI.

affanno : angoscia.
affanno e angoscia mi cresce e sormonta. Francesco Ismera Man. 374.

affanno : ardore.
Canto i felici affanni e i primi ardori. Tas. Rin. I. 1.
Ed ardor ed affanno arriva insieme. id. II. 10.

amicizia : amore.
non amore nè amicizia. Bocc. Fil. II. D'amicizia d'amor di stabil fede. Tas. Torr. IV. I. Quindi lasso! amicizia e quindi amore. id. V. 6.

amistà : amore.
ma è principio d'amistà e d'amore. Bocc. Fil. V.
amore e amistà. Bocc. Fil. II.

angoscia : affanno.
angoscia e affanno. Bocc. Dec. VIII. 8. l'angoscia e l'affanno. Bocc. Corbacc. Che non douresti si forte sentire d'ira, d'angoscia d'affanno o d'amore. Canz. chig. 339.

animo : amore.
amore e l'animo. Bocc. Dec. IV. 8. l'animo e l'amore. Bocc. Dec. X. 8.
anima : aspetto.
e nell' anima e nell' aspetto era veduta. Boc. Fia. IV.
arbore : antenna.
che più non v'erano arbori nè antenne. Orl. fur. XIX. 50.
che gli arbori e l'antenne avea perdute id. XIX. 55.
ardimento : ardore.
Tu l'ardimento e questo ardore alquanto tempra. Tass. G. lib. VI. 11.
aria : arena.
l'aria e l'arena ne bolle. Ar O. fur. VIII. 20.
aria : atto.
che viva sembra — All' aria, agli atti. Tas. Rinal. III. 41.
aringo : agone.
Altri premj, altro aringo ed altro agone. Tas. Rime 1. canz. 17.
arme : abito.
E mostra d'arme e d'abito straniero. Tas. G. lib, II. 38.
arme : affanno.
dell' arme e degli affanni. Bocc. Fil. I. l'arme e gli affanni. Bocc. Fil. I.
arme : amore.
E canterà di te l'arme e gli amori. Tasson. S. r. XI. 51.
Sovra il lucido argento — De le porte superbe impresse Armida — Di famoso campion l'arme e gli amori. Fulv. Testi S. 102.
arme : ardire.
Non risparmiate l'arme nè l'ardire. Bocc. Tes. I. 32.
così tosto depor l'arme e l'ardire. Tass. G. lib. VI. 33 VII. 37.
arme : arnese.
Poichè son d'arme e d'ogni arnese in punto.
Alzano al vento i cavalier le vele. Orl. fur. 41, 34.
arme : arte.
con arme ed arti ascose. Tass. G. lib. XIII. 13.
Altr' armi altr' arte — Jo non ho dunque. id. XVI. 64.
con mill' arti, mill' armi e mille inganni. Tasso Rime III. Canz. 2.
arme : aste.
Talchè schiere parean con arme ed aste. Tas. Torr. I. 3.
aspetto : arme.
Di Medusa mostrar l'aspetto e l'arme. Tas. Rime I. 4.

astuzia : arte.
Partorir di dì in dì l'astuzia e l'arte. Alam. Colt. II. 58. con astuzia ed arte. Tas. Rin. XI. 16. Quando non fia con astuzia ed arte. id. XII. 77.

atto : arme.
al postamento, agli atti, all'arme note. Tas. G. lib. XIX. 2.

B.

belezza : bontà.
bellezza e bontà. S. Jacopo A. R. V. 916. Di bellezze e di bontate. Messir lo re Giovanni A. R. V. 24. per bellezza e bontà. Bocc. Fil. 1. di bellezza e di bontà divina. Tass. Mond. cr. 1.

bene : bellezza.
che in essi di bene e di bellezza veggiamo. Boc. Fil. VII.

biltate e beninanza.
biltate e beninanza. Tesor. VII. 62.

bichiacchie : bubule e bajuche. Caro. Son.

bontà : bellezza.
La bontà e la bellezza di ciascuno sermone. Dante Conv. II. 12. la bontade e la bellezza. Tansillo Pod. II.

brando : braccio.
questo brando e questo braccio mio. Poemetti pop. Attila 3.

C.

camauro : corona.
Ma che porta il camauro o la corona. Tansillo Pod. 1.

campo : casa.
Se non tra suoi villan 'nel campo o in casa. Alam. Colt. IV.

caldo : cammino.
Affannati dal caldo e dal cammino. Tasson. S. a. 1. 43.

campagna : colle.
Per campagne e per colli. Petr. Canz. 13. le campagne e i colli. Alam. Colt II. 45. Che fan ricche le campagne e i colli. Alam. Colt. I. 5. id. 1. 11.

campo : colle.
Quinci i prati lasciando ai campi e ai colli Alam. Colt. I. 6. id. II. 54. o campo o colle. Tas. Ri. 1. 33.

Di **cani** e **cacciatori** e **contadini.** Bern. Orl. in. XV. 22.

capo : cagione.
Gli è ver ch'egli sia il capo e la cagione. S. 1. 27.

capo : chioma.
nè capo o chioma attorta. D'orribil serpenti. Tas. Rime II. 19.
capo : collo.
E 'l capo e 'l collo gli divise. Orl. fur. XIX. 87. Con esso un colpo il capo fesse e il collo. id. XXI. 49.
capo : core.
me la potrà mai trar del capo ne del cuore. Bocc. Fil. IV. Anzi nel capo o sia nel cor gli siede. Orl. fur XXVIII. 88.
carme : canto.
Gradisca i novi carmi e canti. Tas. Rime I. 354.
carro : cocchio.
Con muli e carri e cocchj e servidori. Tasson. S. r. XII. 17.
carta : calamajo.
Che venne con la carta e 'l calamajo. Tasson. S. r. XI. 14.
casa : capanna.
Chiuso nell' umil sua casa o capanna. Tas. Rime II. 24.
casa : cultura.
d' abitatrice gente — case e culture. Tas. G. lib. XV. 41.
caso : crollo.
e non paventa — Morte o ruina mai, nè caso o crollo. Tas. M. cr. I.
catena : chiave.
del mio cor catena e chiave Alam. Stanze. sotto mille catene e mille chiavi. Tas. Aminta. 1.
catenella : corona.
non avia catenella, non corona. Dante, Purg. XV.
catena : carcere.
quali catene, qual carcere, quali croci. Bocc. Dec. X. 8.
chiave : chiodo.
nè chiavi nè chiodi mi potranno serrare cosa ch'io sappia che sia per il mio bisogno. Arist. Cassaria 1. 5.
cherica : cotta.
Gli si fregi la cherica e la cotta. Caro. Son.
chiesa : chiostro.
In chiesa nè in chiostro. Tesoretto. XXI. 164. Ch'or giaccion per le chiese e per li chiostri. Ariost Sat. 1. 57,
cor : curata.
S ella no gli seccha l'chnor e la curata. Canz. chig. 459 Chè mi si schianta el cor e la curata. Card. III. 47. E tratti loro i cuori e le curate. Bocc. Tes. VII. 76.
collega : conte : cavaliere.
Il mio collega e conte e cavaliere. Tasson. S. r. II. 4.

colle : campo.
Ai colli ai campi. Alam. Colt. II. 47. Bisogna gli alti colli e i verdi campi. A. Centurione Son. I colli e le campagne adorna e veste. Ongaro Alceo I. 1.

collo : cassa.
E colli e casse e ciò che v'è di grave. Gitta da prora e da poppa. O. fur. XIX. 49.

colosso : colonna.
di colossi e di colonne. Tass. Torr. V. 5.

colpa : cason.
De toa parte serà la colpa e la cason. Bonvesin. De Anima eum corp. 48.

il come : la cagione.
n' hai dimostrato il come e la cagione. Bocc. Corb.

consiglio : conforto.
o consiglio o conforto vi porgerò. Bocc. Fil. 2. id. 3.

conforto : consolazione.
conforto e consolazione. Bocc. Fil. 2. Bocc. Dee. IV. 8.

corpo : core.
onde nom posa voi corpo nè core. Fra Guitt. A. R. V. 161. che par mi sffaccia lo corpo e lo core. id. A. R. V. 137. che tene casto corpo e core. id. A. R. V. 165. Corpo eore, senno ed iscienza. Pacino di ser Filippo, A. R. V. 796. corpe, core, alma co' loro imsembro. Monte A. R. V. 284. anima, corpe e core. Giustin. XXI. 19. A eni donat' ho e' alma e' l corpo e' l core. Dante da M. Man. S. 315. Ma sol dividi il corpo e non il core. Seraf. d' Aq. Stanze.

core : corpo.
core e corpo in sua bolghia. Not. Giacomo A. R. V. IX. core e corpo e vita. M. Tomaso da Faenza A. R. V. 108. core e corp' ò donato. A. R. V. 177.
cor o corpo. Canz. chig. 335. col core e col corpo. Dante Purg. II. 12. li cuori e li corpi. Bocc. Fil. 6. Per gran cor e per gran corpo e per gran posse. Tasso. Ger. lib VI. 23.

corona : camauro.
Le corone i camauri ed elmi e tiare. Poemetti pop. Contrasto. 159.

costume : corte.
e videro li costumi e la corte. Cento. nov. 2.

cucina : camera.
Da cucina e da camera. Ariost, Sat. II. 65.

cura : cortesia.
che n' abbia cura e cortesia. Tas. G. lib. XX. 122.

cura : custodia.
Star dovesse alla cura e alla custodia. — Delle tue cose. Ariost, Cassaria IV. 2.

D.

dagno : dexnor.
si tumi buti in ogio lo dagno e lo dexnor — lo qual per mi ha vissi. Bonvesin, de Peccatore cum Vergine.

danno: danagio.
un amor m'à amendato: Lo danno e lo danagio. A. R. V. 100.

danno : dolore.
chè tu' sarià lo danno e lo dolore. Monte. A. R. V. 881.

danno : duolo.
Già di Biserta il suolo. Sente i suoi danni e' l duolo. B. Menzini. S. 270.

denaro : dono.
per denari e per doni. Bocc. Dec. III. 6.

denaro : derrata.
E tanto con denari e con derrate fece. Pucci Centil. XIII. 6. Se danari o derrate ne vanno. Tesoretto, XV. 45.

detto : dono.
i detti i doni di pietate e d'amor. Tas. M. cr. V.

dilecto : diporto.
e se' tucto dilecto e mio diporto. Tannccio d. Bagno A. R. V. 909.

diletto : dolcezza.
diletto e dolcezza. Poem. pop. Sup. e M. di Senso. qual diletto qual dolcezza è questa. Tas. Rime I. Madr. 71.

diletto : doglia:
Tal che diletto e doglia parturie. Dante, Purg. XXIII. i diletti e le doglie. Bocc. Fiam. VII. Ch' ivi erano per doglia o per diletto. Bocc. Tes. IX. 50. E speranza, e diletto e doglia ei sente. Tasso, Rime I. S. 141.

diletto : dolore.
e però tra' l diletto e' l dolore non ponea mezzo alcuno. Dante convivio IV. 6. Tu nel diletto e nel dolor più forte. Tas. Torr. III. 7.

dilizia : diletto.
e entrato. nel mar delle dilizie e dei diletti. Ongaro, Alceo. V. 2.

dispetto : doglia.
Poi comincia non dispetto ma doglia. Dante, Inf. XVI. 52.

doglia : danagio.
nè doglia nè danagio. A. R. V. 265.
doglia : danno.
che doglia e danno sempr' è a lui stagione. Guitt. A. R. V. 47.
doglia : disdegno.
pien de doglia e de disdegno. Giustin. 75, 192.
doglia : dolzore.
che non agia piu doglia che dolzore. A. R. V. 488.
doglia : duolo.
Pietà, non doglia o duol. Tas. G. lib. II. 42.
dolcezza : desiro.
de dolcezza e de desir. Giustin. XXV. 73.
dolcieza : dolglia.
dolcieza e dolglia. Guitt. A. R. V. 161.
dolor : dolcezza.
ne morrà per dolor ma per dolcezza Tas. Rime I. Madr. 114.
dolore : disio.
l'una per dolore e l'altra per disio piangeva. Bocc. Fil V.
dono : dote.
E doni e doti e grazie infuse e sparte. Tas. Rime I. Madr. 403. Aggia bei doni e doti illustri e rare. Tas. Rin III. 37. propria dote e poprio dono Tasso, Torr. II. 4.
donna : dea.
Ella è pur la mia donna e la mia dea. O fur. VI. 10. Egli che la sua donna e la sua dea vide portar .. id. XII. 6. O Donna, o Dea. Tasso, Rime I. 58. Ma Donne e Dee che fanno il ciel sereno. Tas. Rime 1 283.
donna : diva.
Tacevan dubbiar, se mortal donna o diva. Petr-Son. 124.

E.

elezione : errore.
O fosse elezione o fosse errore Tas. Amore fuggit.

F.

falce : ferro.
Mentre aguzzava ancor la falce e i ferri. Alam. Colt. II 50.
fama : fede.
Di buona fama e di perfetta fede. Gelsi, Capit.
fama : forza.
A guerier di gran fama e di gran forza. Tas. Rin I. 27.

fatta : favella.
Li fatte e le favelle. Tesoretto, VII 269.
fato : fortuna.
in vece di fato e di fortuna. Tas. G. lib. IV. 8. O consiglio, o fortuna, o fato, o forza. Tas. Torr. IV. 3. O mia fortuna, o fato, o stelle o cielo. Tas. Rime I. Canz. 21.
favilla : foco.
Perchè di fuoco e di favilla pura una cavalla fu fatta. Berni, Or. inamor. rif. XIII. 11. Vere son le faville e vero il foco. Tasso, Rime I. 288. Piena di foco e di faville ardenti. id. Rime III. 29. Desta fochi e faville. Tas. Rime I. 355.
ferro : face.
ferro e face è il martir ch'arde e sfavilla. Tas. Rime Lacrime di Mar. Verg. Portar fra mille morti o ferro o face. Tas. G. lib. VIII. 65.
ferro : fiamma.
Andar de i ferri e de le fiamme in preda. Tansillo Lagr. d. S. P. V. 22 con ferro e fiamma assale. Tas. G. lib. XVIII. 95 quando di ferro e d'alte fiamme cinti. id. IV. 15. Le fiamme e l'ferro. id. II. 12.
ferro : fuoco.
ferro nemico o foco. Tansillo, Lagr. d. S. P. IV. 63. che a ferro e fuoco strugge. Or. fur. XVI. 87. come eccellente medico che cura con ferro e fuoco. id. VII. 42. che dal ferro e dal fuoco l'assicura. id. XXIV. 15. ora col ferro ora col foco. V. Colonna Stanze. Manifesta signal di ferro e foco. Alam. Colt. IV. 113.
festa : feria.
festa o feria. Bocc. Dec. II. 10.
fetore : faville.
Tale il fetore e le faville sono. Tas. G. lib. IV. 8.
fiamma : favilla.
Ma con fiamme e faville. Tas. Rime I. 228.
Ne più raccende in me fiamme e faville. Tas. Rime I. 148.
fiamma : furore.
è l'un fiamma e furore. O. fur. XXXVI. 27. Che di Marte accendean fiamme e furori. Tas. Rime III Canz. 4.
finzione : favola.
E questa era o finzione o favola. Ariost, Suppos. V. 7.
finzione : fola.
Che si duol dare a finzione e a fole. O. fur. XXVIII. 3.
fiore : foglia.
E'l frutto seguirà il fiore e la foglia. Chiaro, A. R. V. 236.

Però non mi rallegra fior nè foglia. Manuale, 199. L'amor crescendo fiori e foglie ha messe. Guinic. Man, 37. nè 'n fior nè 'n foglia. Petr. Canz. 13. e si veste di foglie e fiori. Dante, Son. 47. Si pon con fiori e con foglietta verde. Dante, Sest. III.

fiore : frutto.
Se' fiore e frutto. A. R. V. 95. E erbe e frutti e fiori. Tesoretto III. 12. id. VII. 129. Che fa nacere i fiori e i frutti santi. Dante, Purg. XXII. 48. E di frutti e di fior sempre fecondi. Orl. fur. XXXIV. 49. Il suo frutto 'l suo fior, la verde foglia. Tas. Rime III. Canz 1.

figlia : fattura.
Di Dio figlia e fattura. Tas. Rime I. 229. ond'è fattura e figlia, Sa gran madre natura. Tas. M. cr. III.

fiume : fronda.
Splende il bel fiume e le senore fronde. Benivieni, Stanze.

foco : face.
Casa di notte senza foco o face. Tansillo, Pod. 3.

foco : ferita.
Senza temer di foco e di ferita. Tas. Rime I. Madr. 104.

foco : fiamma.
Ma crudel fuoco e fiamma nel cor porto. Neri A. R. V. 295. la fiamma e lo focho. Bonagiunta da Lucca, Canz. chig 119. d'un fuoco e d'una fiamma delicata. Ser Pace Notajo, Man. 372. Amore e foco e fiamma e giglio e rose Card. III. 37. fuoco e fiamma. Bocc. Dec. X. 7. se non di foco e fiamma. Tasso, Rin. V. 39. O di Marte le fiamme e 'l foco accresca Tas. Torr. IV. I.

foco : furore.
Ed insolito foco e gran furore. Tas. Rime I. 264.

folgore : favilla.
Così Saul, così Turno e Tesco -e Giuda M., che fur nell'arme folgore e faville. Poem. pop. Sup. e. m. d. S. vide a un punto mille lampade accesse e folgori e faville Tasson s. r. VII. 17.

foia : fusto.
La foia e lo fusto tronca come rasor. Ug. d. L. 20.

fonte : fiume.
E mari e fiume e fonti. Poem. pop. Legenda di S. Cat. IV. 325. E se talor se in fiume o 'n fonte. Tas. Rime 1. 96. e secca i fiume e i fonti. Tas. G. lib. XIX. 121. Allor tutti fien sechi i fiumi e i fonti. Tas. M. cr. II.
di fiumi e chiare fontane. Bocc. Dec. X. 5 le fontane e i fiumi. Allam. Coltiv. III. 85.

forma : forza.
Ed avea forma e forza di gigante. Tas. Rin. XII. 24.
fortuna : furore.
Crudel fortuna, orribile furore. S. de l'Aquila, Stanze.
forza : fierezza.
Bertoldo avea più forza o più fierezza. Tasson. S. r. IV. 26.
Florio si trasse avanti con tanta forza e fiorezza. Bocc. Fil. 2.
forza : furore.
Provò la forza e 'l subito furore. Tas. Rin. IV. 10. Volge il tergo alla forza ed al furore. Tas. G. lib. VII. 112.
furore, impeto e forza. Tas. Torr. I. 3.
fraude : fallacia.
Che questa somma con fraude e fallacia sapesse. Ariost, La Lena III 1.
fraude : forza.
o con forza o con frode. Dante, Inf. XI. 24. E la fraude e la forza e 'l tradimento. Tas. Torr. V. I. E le sue frodi e le sue forze hai dome. Tas. Rime III. 4.
freno : flagello.
tu e del ribelle — Oriente se' freno e tu flagello. Vic. Filicaja, 210.
fronde : fiore.
Per fronda e fiora e frutta. B. da Lucca, A. R. V. 122 con fiori e frondi. Bocc. Fil. 6. Di fiori e frondi e d'aurei panni ornata. Tas. Rin. IV. 1. Nela fronde, nel fior, nel frutto insieme. Alam. Colt. V.
frutto : fronde.
di frondi e di frutti. Bocc. Dec. X. 6. Quanti ella coglie o frutti o fronde o fiori. Tas. Rime I. 24.
frutto : fiore.
Ne çamai non portá nigun fruito ni flor. Ug. d. L. 19. d'erbe, di fiori, di frutti. Bocc. Fil. 3. di vaghi fiori e varj frutti. Beniveni Stanze. di frutti e di fior, d'erbe e di fronde. Al. Colt. II. 56.
fummo : favilla. (fiamma.)
fumo, vampa, favilla e fiamma viva — Da l'orecchie e di bocca fuor gli usciva. Berni, Orl. in. XXIV. 49. Ardeano i tette, e 'l fumo e le faville rote facevano. Tas. Rime I. 132. Mirar il fumo e la favilla ardente. id. G. lib. XII. 7. Qui nuvoli rotanti, Di fumi e di faville orrido vele, stender per l'aria e funestare il cielo. Testi 5. 100.

fumo : fiamma.
il fumo e la fiamma. Giov. Mauro, Parn. 27. S. 101 e fumo versa insieme e fiamma. Tas. G. lib. XX. 29.

fumo : foco.
Gran foco e fume dalla vocca l'uscia. Poem. pop. Legenda d. S. Margheritta d'Ant. 210. con fumo e con foco. Orl. fur. XXVII. 27. id. XIII. 35. e sbuffa fumo e foco. Berni, Orl. inam 53, 1. Gittando fumo e fuoco e fiamma viva. id XXIV. 53. e fumo e foco spira. Tas. G. lib. XX. 29. o da foco o da fumo. Baldi. Naut. III. 67.

furia : foco.
E più timidi ancora in furia e in foco sospinti son. Tas. M. cr. VI.

furor : fracasso.
a quell alte furor, a quel fracasso. Tas. Rin. VIII. 36.

furore : frenesia.
furori e frenesie. Caro. Son.

G.

grazia : grato.
Rendesti grazia o grato. Tesoretto, XXI. 193.

guardia : governo.
che la guardia ed il governo del contado prendessero. Bocc. Dec. III. 9.

I.

impeto : ira.
Quando vincer dall'impeto e dall'ira. Orl. fur. XXX. 1. E il lutto vince d'impeto e d'ira. Tas. M. cr. II. E portato dall'impeto e dall'ira. Tas. G. lib. VI. 44.

insidia : inganno.
e soglion sempre insidie o inganni. Cinthio Egle IV. 2.

invidia : ira.
D'ira di gelosia d'invidia ardenti. Tas. G. lib. V. 76. l'invidia e l'ira. Alam. Colt. II. 58.

L.

lagrima : lamento.
Ponea tregua alle lagrime ai lamento. Tas. G. lib. III. 71. E tante sparse lagrime e lamenti. Tas. Rime I. 44.

lagrima : lutto.
Senza lagrime no, ne senza lutto. Tas. Torr. I. 3.

lamento : lode.
Qnai lamenti o quai lodi. Tas. Rime I. 320. De' pastori canto lodi e lamenti. id. Rime I. 354.
lamento : lutto
ne' lamenti e nel lutto. Tas. Rime III. Canz. 5 lutto e lamenti e lagrimosi lai. Tas. Torr. V. 6.
lampo : lumiera.
E ne traeva lampi e lumiere. Tasson. S. r. IV. 1.
legge : luogo.
E le stelle gli pareva che avessero mutata legge e luogo Bocc. Fil. 2.
letto : lenzuola.
S'io dovessi vendere letto e lenzuola. Ariost, Negr. I. 1.
lingua : labra.
Gli annoda intanto e lingua e labra il duolo. Tansillo, Lagr. d. S. P. IV. 14.
lonza : lopardo.
Leggiero più che lonza o liopardo. Manuale, 345.
luce : lampo.
e quali io vegio — E luci e lampi. Tas. Rogo di Corinna.
luce : lume.
luci e lumi il cui raggio al cor sen vene. Tas. Rime Madr. 303. languido lume e lagrimosa luce. Tas. Rime III. Canz. 1
lupo : ladro.
scacci i lupi e i ladri. Tas. Aminta II. 2.

M.

maestro : mago.
Qual la potrà formar maestro o mago. Tas. Rime I. 158.
mal : martire.
poyche sa il mio mal e'l mio matire. Giustin. IX. 103.
maynera: melodia.
con la dolce maynera e melodia. Giustin. LXXVI. 54.
manna : mele.
E latte e mele e manna e brina e neve. Bonfadio Stanze. Più di mel più di manna. Tas. Rime I. Canz. 5.
maraviglia : magisterio.
La nova maraviglia e'l magisterio. Tas. Rime I. 15.
mare : monte.
Il mare e 'l monte e 'l piano. Carducci, VIII. 164. e da questo diviso da tante mare da tanti monti. Bocc. Fiam.

IV. Fra il mare e'l monte. Orl. fur. VIII. 19. Clelia ritorna e varca il mare e'l monte. Tas. Rime I. 397.

mercè : misericordia.
mercè e misericordia. Bocc. Dec. VIII. 8.

medico : mago.
ne giovar lor può medico nè mago. O. fur. XVII. 21. medico e mago e pien d'astrologia. id. XVIII. 174.

mente : membro.
Ti conservai la mente e i membri casti. G. lib. VI. 71.

metallo : marmo.
metalli e marmi io più drizzar non posso. Tasso, Rime II. 32. non solo gemme ed or metalli e marmi. id. Rime II. 10. Restar non può marmo o metallo. Ger.: lib XIX. 37.

messa e matin.
E dir oracione messa e matin scoltar. Ug. d. L. 315. L'anema uol mestier deuin, Prima e terça, messa e matin. Ug. d. L. 1090.

ministro : messaggiero.
ministri e messagier di vita eterno. Dante, Purg. XXX. Scaltra d'amor ministra e messaggiera. Tas. Rime I. Canz 11.

miracolo : mostro.
nè miracol, nè mostro. Tas. Rime I. Madr. 272. o mostro o miracol. Tas. Rime I. 234. Novo mostro e miracolo d'Amore. Tas. Rime I. 208.

modo : maniera.
fa maniera e modi del fanciullo. Bocc. Dec. II. 8. per mille e più maynere. Giustin IX. 77. mille maniere e mille modi. Tas. M. cr. V. modi gentile e le maniere accorte. Tas. G. lib. V. 161.

mondo : maremma.
che sia nel mondo o in maremma. Bocc. Dec. IV. 2. nel mondo o in marmma. Bocc. Dec. VI. 6.

monte : macigno.
del monte e del macigno. Dante, Inf. XV. 63.

morte : morbo.
E le pallide morti e i lunghi morbi. Tas. Torr. II. 4. E morbi e morti. Giov. Mauro, Sat. P. J. 27.

morte : male.
Non Dio; che non creò la morte e i mali. Tas. M. cr. VII.

Marte : Marte.
orribil Morte e Marte correan con volto lagrimoso. Tas Rime II. 7.

morte : mercè.
morte e mercè sia fine al mio dolore. Petr. Son. 120.
mucchio : monte.
Vedeansi in mucchj e in monti i corpi avvolti. Tas. G. lib. XIX. 30.

N.

natura : nativitate.
Assai fo gentile per natura e per nativitate. Poem. pop. Legend. di. S. Margh. 17.
nebbia : neve.
nebia e nevi. Alam. Colt. V.
nome : natura.
Gli alberghi i nomi e le nature impari. Baldi, Naut. II.
notte : nebbia.
Il bujo solo e la notte e la nebbia. Grazzini. Son.
notte : nube.
qui tosto adombra notte, nube. Tas. G. lib. XIII. 3,
nube : nebbia.
ma se nube e nebbia a lor fa velo. Tas. Rime I. Canz. 16.
nube : nembo.
O nube vaga, o nembo. Tas. Rime I. Canz. 6.
E corona le fanno e nube e nembo. Tas. Rime III. 114.
O nubi e voi, voi nubi oscure e nembi Tas. M. cr. VII.

O.

odio : obblio.
Tanto vigor, tant' odi e tanto obblio. Tas. M. cr. VI.
odio : ozio.
Tema avarizia ed odio, ozio ed affanni. Martelli Stanze.
officio : opera.
D'un ozio eterno, e senza officio ed opre. Tas. M. cr. IV. gli officj ed opre. id. IV.
ollraggio : onte.
di farmi oltraggio ed onte. Orl. fur. XXII. 73. e n'ebbi oltraggio ed onte. Tas. Rime I. 122. per fargli oltraggio ed onte. Tas. Rin. XII. 60.
ombra : odor.
l'ombra e l'odor. Alam. Colt. V. 149.
ombra : onda.
o voi che vi godete e l'ombra e l'onda. Alam. Colt. V. 183.
ombra : òra.
ch'ei si rinfreschi alquanto a l'ombra e a l'òra. Alam. Colt.

II. 53. Laddove è l'òre e l'ombra occulta e bruna. Tas. Rime III. 26.

onore : orgoglio.
a gran brama d'onore d d'alto orgoglio. Tas. Torr. III. 1·

ordine : onore.
Ch'abbandonavan l'ordine e l'onore. O. fur. XVI. 78.

orgoglio : onte.
Tutto fremer s'udia d'orgoglio e d'onte. Tas. G. lib. VIII. 82.
con orgoglio ed onte. Orl. fur. XXVII.

orrore : ombra.
L'Arno e i monti adoppiar l'orrore e l'ombra. Tas. Rime II. 5. E senza ombre nojose e senza orrori. Tasso, Rin. XII. 88.

oro : ostro.
panni d'oro e d'ostro Orl. fur. XV. 51. Chi d'ostro e d'oro pomposamente adorno. Baldi Naut. I. E discoprendo e gemme ed oro ed ostri. Tas. Rime I. 327. Che ti mostre le perle e gli ostri e gli ori. Tasso, Rime I. Madr. 33.

P.

pace : patto.
Rompendo paci e patti. Pucci, Centiloq. V. 57. Che Fiorentini han con noi pace e patti Pucci, Guerra d. P. II. 28. nè far lor voglion tregua o pace o patto. Berni, Orl. innam. LIV. 39.

pace : perdono.
che sovente impetrò pace e perdono. Tas. Rime III. Canz. 3.

pace : pietate.
La pace, la fortuna la pietate. G. Mauro, Sat.

pace : porto.
per lui ricorro nella pace e nel porto. Tas. Torr. IV. 1.

padre : pastore.
F del gregge di Dio padre e pastore. Tasson. S. r. XII. 23.

padre : protettore.
Il papa ch'era padre e protettore de la parte de' Guelfi Tasson. S. r. V, 25.

palma : pregio.
E cedo volontier la palma e'l pregio. Tas. Rin. VI. 67.

parola : pensiero.
ne pensiero ne parole. Bocc. Fia. VI. E l'oneste parole e i pensier casti. Petr. Tr. d. Div. 89. O che pensier son questi e che parole. Tas. Torr. III. 6.

parola : preghiera.
D'amor parole e tacite preghiere. Tas. Rin. I. 89,
passo : panno.
Era finto l'andare, e i passi e i panni. Tas. Rime I. 127.
patria : padre.
che la patria e 'l padre e duo fratelli — Tradi. Orl. fur. XXXVI. 74.
paura : pensiero.
che da te ogni paura e pensiero cacci. Bocc. Fil. 3.
D'altre spemi e paure e pensier carco. Poliziano, Stanze.
peccato : pena.
Posta peccato e pena. Tesoretto, XX. 38.
peccato, poverta, paura, pena.
peccato, pouerta, paura e uene e d'ogni pena tumm a ben si pulito. Canz. chig. 328.
pelle : pelo.
il quale era di statura grande e di pelle e di pelo bruno. Bocc. Corb.
pena : pianto.
per rallegrar la mia pena e 'l mio pianto. Cino da Pist.
Canz. chig. 45. Sospiri e pene pianti mi lasciaio. G. Pugliese A, R, V. 55. in greue pene e dolorosi pianti. Giustin. IX. 110. or m'e rivolto in pena e in pianto amaro id. LVIII. 26.
pena : premio.
Gran pene e premj imponi. G. lib. II. 10. Tendano poi de' premj e delle pene. id. I. 31.
pensiero : pena.
pensiero, pena angoscia e rancura. Monte, A. R. V. 284.
penna : pennello.
con la penna e col pennello. Bocc. Dec. VI. 5.
pensiero : petto.
Or quai pensier quai petti son chiusi a te. Tas. G. lib. I. 32.
pensiero : pianto.
E co pensiero e 'l pianto e 'l mio sogiorno.
Rustico Man. 826. E pensieri e pianti. Bocc. Fil. 3.
pensione : prezzo.
anzi per la pensione e prezzo che tu ne traevi. Ariost, Suppositi I. 1.
pentimento : pianto.
Ch' imittam Pietro al pentimento e al pianto. Tansillo Lagr. d. S. P. IX. 6.

piaciere : paura.
Volonta inganna e piaciere e paura. Malglio, A. R. V. 934.
pianto : pietà.
che a pianto ed a pietà non si moveste. Rota, Eg. P. VI.
E ben di pianto degna e di pietate. id. VII.
pianto : priego.
ne mai voce di pianto o priego alcuno. Rota, Eg. P. VI.
pianura : prato.
l'ampie pianure li verdi prati. Alam. Colt. I. 40.
pietà : paura.
Tutto di pietà e di paura smorto. Petr. Canz. 27.
pietade : premio.
Che per pietade o premio gli soccorra. Orl. fur. XXIV. 76.
pietate : piacer.
La pietate, il piacer, il duol lo sdegno. Tas. Torr. II. 1.
ponte : porta.
Le catene dei ponte e delle porte. Orl. fur. XXXIII. 103.
nè al ponte nè alla porta si ritenne. Orl. fur. XXV. 7.
prato : pastura.
nè tanto al gregge il prato e la pastura. Tas. Rin. V. 34.
preda : periglio.
Menò suo alla preda ed ai perigli. Tas. G. lib. IX. 29.
prece : prezzo.
nè per compassione o pensione nè per prece o prezzo te ne arei portato. Ariost, Suppos. I. 1.
prigione : povertade.
Cato filosofo uomo grandissimo di Roma stando in pregione e in povertade. Cento nov. a. 72.
pregio : piacenza.
tant è la gioi' lo pregio e la piacenza. Bon. Ubric. da Lucca Man. 145.
presgio : possanza.
A presgio ed a possanza. Fra Guitt. A. R. V. 160.
presgio : prode.
E prender presgio e prode. Fra Guitt. A. R. V. 136.
presente : parola.
e col presente e con le parole del prenze. Bocc. Dec. IV. 1.
priego : parola.
Ed or con prieghi or con parole acerbe. Orl. fur. XVIII. 49.
pensando i preghi le parole e l' arte, Alamanni. Stanze.
priego : pianto.
a' prighi ed a' pianti. Orl. fur. X. 6. nè i preghi miei nè

il pianto cura. Ger. lib. XII. 20. Nè pnò alcun trovar per
prieghi o pianti. Alam. Colt. I. 6.
priego : pietà.
nè priego nè pietà. Bocc. Fil. 4.
pregio : pruova.
Il cavalier di pregio e di gran pruova. Orl. fur. XVIII. 119.
procella : pioggia.
Venti e procelle e tempestosa pioggia. Tas. M. cr. IV.
Dove non s'ode mai procella o pioggia Tas. Rime II. 16.
prode : piacer.
a prode e a piacer di coloro. Cento nov. 1.
prora : poppa.
E prore e poppe fracassar di navi. Orl. fur. XXXIX. 83.
E cader chi da poppa chi da prora. id. X. 50.
prova : paragone.
E fa molte gran prove e paragoni. Poem. pop. Attila 2.

R.

radice : ramo.
Dei puri gelsomi r adici e rami. Alam. Colt. V.
raggio : rugiada.
E quando appunto i raggi e le rugiade. La bella aurora
seminava intorno. Ger. lib. XV. 33. Qual nova luce, i raggi e
la rugiada. Tas. Rime II. 19. Sparger d'argento e d'or
rugiade e raggi. id. Aminta I. 2.
regno : ricchezza.
Non pur di regni o di ricchezze parlo. Orl. fur. XXXIV. 74.
I regni e le ricchezze. Ongaro, Aleco, I. Coro.
riposo : ricchezza.
che se' mia vita riposo e ricchezza. Carducci, V. 100.
roccia : rivaggio.
Il mar batte alle rocce e a rivaggi. Intelligenza, Man 512.

S.

saetta : sasso.
Piovon saette e sassi e fuoco. Poem. pop. Attila 1.
saetta : spada.
Fra mille saette e mille spade. Vittor. Col. Stanze.
saetta : strale.
Saetta o strale - non fece il colpo. Tas. Rime I. 365.
Febo gli strali e le saette Amore. Tas. Rime I. 401.

salute : scampo.
salute e scampo della vita mia. Bocc. Dec. III. 8 Impetrar da costei salute e scampo. Baldi, Naut. III. 72. ch'ella non sol può dar salute e scampo. Tas Rime I. Canz. 22.

salute : speme.
O speme o salute. Poem. pop. Legenda di S. Cat. XXVII. 1563. ogni mia salute ogni mia speme. G. della Casa. Son.

salute : speranza.
Mia pace, mia salute e mia speranza. Giust. d. Conti Son.

sangue : seme.
o d'alto sangue nato o di vil seme, V. Colonna Stanze.

sangue : singhiozzo.
E 'l parlar vien col sangue e col singhiozzo. G. lib. VIII. 60.

sangue : stato.
e d' alto sangue e d' alto stato. Ger. lib. III. 63.

sasso : sterpo.
stan sotto i sassi e sotto aridi sterpi. S. d. l'Aquila Stanze a sassi e a sterpi. Tas. Rim II. 30. Non è sterpo nè sasso in questi monti. Petr. Son. 247.

satiri : sileni: simulacri.
ne satiri o sileni o simulari. Tas. Rime III. 79.

schiavo : servitore.
Vostro perpetuo schiavo e servitore. G. Andrea Sat.

scoglia : sasso.
E questi scoglie e questi sassi. Ongaro, Alceo I. 2.

scoglio : secca.
ne scoglio, ne secca, ne porte. Bocc. Fil. 7.

scoglio : sirte.
Non s'affrondasse alfin tra scogli e sirti. Tas. M. cr. VII. Trovi la morte e non fra scogli e sirti. id. Rime I. 51. sprezza fortuna ancor tra scogli e sirti. id. Torrism. IV. 7. E non vi cela insidie o scoglie o sirti. id. Rime I. Madr. 172.

scoglio : selce.
O scoglio o selce e 'l più turbato cielo. Tas. Rime I. 4. Più d'ogni selce dure e d'ogni scoglio. Cinthio, Egle III. 1.

scorno : scherno.
E punir scherni e scorni, che per strada - Fatti le avea sopra la tolta spada. Orl. fur. XXVII. 87. Tallor non sappia o duolo o scorno o scherno. Tas. Rime III. 37.

scorpione : serpente.
scorpione e serpent. Margaret. Leg. 700. ch' a le serpi o scorpion son proprio albergo. Alam. Colt. I. 28.

La entr' e basalisci, scorpion e serpente. Ug. d. L. 77. E molto
firi marturiadi. de scorpion e de serpenti. S. d. P. da Bar. 2358.
scorta : segno.
che già fu scorta e segno — Della Fenicia a naviganti audaci.
Tas. M. er. II.
scudo : spada. (scampo).
or con lo scudo or con la spada. G. lib. VII. 39.
che scudo fu d'Italia e spada e scampo. Tas. Rime II. 29.
il qual fu spada e scudo di nostra fede. G. lib. VIII. 67.
selva : spelonca.
selve e spelonche in una vista offerse. G. lib. XVI. 9.
E da valli e da selve e da spelonche. Tas. Torr. V. 5.
Liete selve e spelonche. Tas. Rime II. Madr. 354.
senno : savere.
senno, sauere modo nè misura. G Morotolo, Man. 239.
Di seni e di sauer. Monte, A. R. V. 666, In voi senno e
sauere. Tesoretto, I. 6. id. XIX. 15.
senno : silenzio.
ch 'è più del senno, e del silenzio amica. G. lib. VIII. 16.
senno : sofferenza.
Agio senno e sofrenza. Morovelli di Firenze, A. R. V. 176.
con senno e soffrença. Canz. chig. 323. con grandissimo senno
e sofferenza celato. Bocc. Fia. 4.
senso : sospiro.
Dolcissimi d'amor sensi e sospiri. G. lib. XVI. 16.
senso : spirto.
e senso e spirto — Ha di pietà. Tas. M. cr. VI.
servo : soggetto.
Levar al primo tuo servo e suggetto. Carducci, V. 103, 26.
E di qualunque gli è soggetto o servo. Tas M. cr. V.
Di tre tiranni esser soggetta e serva. Tas. Rime I. 216.
Sia di gran beltà servo e suggetto. Alamanni, Stanze. servi
e soggetti. Agost. Centurione, Stanze.
siccurezza : sonno.
ov' albergar non ponno. — Lunga stagion la sicurezza e 'l sonno.
Fulv. Testi, Canz. S. 73.
signore : sergente.
e gli occhj chiese. Ai signori e ai sergenti, il pigro sonno.
Orl. fur. XXVI. 80.
silenzio : sogno.
menò il silenzio e i lievi sogni erranti. G. lib. V. 79.

silenzio : sonno.
Itene col silenzio ite col sonno. Tasso Rime I. Intermedio 4. col silenzio e col sonno in compagnia. id. Rime II. Canz. 18.

singhiozzo : sospiro.
Espesso con singhiozzi e con sospiri. Orl. fur. XIII. 32.

singulto : sospiro.
Rotti singulti e flebili sospiri. Ger. lib. III. 6. Par d'umani sospiri e singulti. id. XIII. 40.

sogna : sonno.
il sogno e 'l sonno ad un ora rompendo. Bocc. Fia. 2.

solicitudine : sicurtà.
con più sollicitudine e con maggior sicurta. Bocc. Fil. 4.

somma : sentenza.
E d' ogni bene è somma e sentenza. Bon. Ubr. da Lucca, A. R. V. 124.

sospiro : sangue.
Mescolando i sospiri ultimi e 'l sangue. G. lib. IX. 32.

sostegno : scampo.
sol per vostro sostegno e vostro scampo. Tas. Torrismondo V. 6.

speme : sostegno.
mià speme e sostegno. Tas. Rime II. 14.

speranza : sospetto.
Per mille van speranze e van sospetti. G. d. Conti.

speranza : sogno.
Fabbricator notturno. — Di speranze e di sogni — Tas. Rime I. Madr. 181.

speranza : sospiro.
Le mie speranze e i miei dolci sospiri. Petr. Son. 138.

spino : sterpo : sasso.
Tra spini e storpi e dirupati sassi. Tas. Rime I. 176.

spirito : sangue.
chè il suo sangue anzi il suo spirto desiderava. Bocc. Dec. X. 3. strignendo gli spirti e 'l sangue al core. Tasson. S. r. IX. 2.

spirito : sospiro.
Di spirti dolci e di sospiri amari. Tas. Rime I. 120.

spirito : scuso.
spirito e scuso d'amore. Tas. Aminta I. 1.

statua : simulacro.
come statua o simulacro. Tas. Rime III. 4.

stanchezza : sonno.
il tuo corso non frena nè stanchezza nè sonno. Petr. Son. 173.

stella : seggio.
Per furar al fratel le stelle e 'l seggio. Alam. Colt. II. 50.
E fuggon stelle e seggi il maggior lume. G. d. Conti.
stella : splendore.
E il ciel ritien la stella e lo splendore. Guinicelli, Man. 35.
E sole ritiene le stelle e lo splendore A. R. V. 106.
sterpo : scoglia.
di acuti sterpi e di pietrose scoglie. Benivieni, Stanze.
sterpo : stecco.
che non si resti nè sterpo nè stecco. Poem. pop. Sup. c. M. di Senso.
strada : sentero.
nè strada nè sentero. Tesoretto, XIII. 9.
sudor : sangue.
E sudor versa e sangue. Ger. lib. VII. 111. e 'l sangue col sudor si mesce. id. VI. 48. Tutto è sangue e sudor id. IX. 97. S' egli versava già sudore e sangue. Tas. Rime III. 40. Tutto di sangue e di sudor vermiglio. Tas. Rime III. Canz. 5. Di sangue e di sudor coperto Tassoni, S. r. VII. 32. VIII. 6. Ove il sangue e 'l sudor lo bagne. Alam. Colt. V. fra il sangue e fra il sudore. Gabr. Chiabr. Canz. S. 22.

T.

teatro : tempio.
bel teatro e tempio. Tas. Torr. IV. 3. teatri e tempj-Baldi Naut. IV.¹ Ove un tempo s' alzar tempj e teatri Fulo. Testi. S. 74.
teatro : terme.
Perch' io disprezzi ancor teatri e terme. Tas. Rime III. 15.
colonne, archi, teatri e terme. Tas. Rime III. 93.
tema : tristezza.
E 'l mal del Re, la tema et la tristezza. Tansillo, d. S. P. V. 29.
temenza : tremore.
Jo vivo in gran temenza ed in tremore. Chiaro, A. R. V. 210.
terra : tesoro.
E col sangue acquistar terra e tesoro Petr. Tr. d. M. I. 8.
timor : tormento.
sempre ha timor nel cor sempre tormento. Orl. fur. XLI. 33.
timpano : tromba.
con tal rumor timpani e di trombe. O. fur. XVIII. 41.
timpano : trombetta.
Vanneo scorrendo timpani e trombette. O. fur. XVII. 70.

torre : tempio. (teatro.)
Fulminar poi le torri e i vostri tempj. G. lib. XVI. 58. tempj.
torri e teatri agguaglio al suolo. Baldi. Naut. III. 58.
torre : tomba.
Che contra amore aggio gran torre e tomba Canz. chig. 355.
tradimento : torto.
E vendicato il tradimento e il torto. Orl. fur. III. 24.
tradimento : truffa.
Che mai non fece tradimento o truffa. Pulci, M. m. IX.
tremuoto : tuono.
e di cui sono Voce i tremuoti e 'l tuono Filic. S. 224.
tuono : tempesta.
Senza timor di tuoni e di tempeste. Tas. Rime II. 6. Già cheti
erano i tuoni e le tempeste. G. lib. VIII. 1.
turbine : tuono.
Di gragnuole e di turbini e di tuoni. Ger. lib. VII. 120.
tuono : tremoto.
E 'l gran rumor del tuono e del tremoto. G. lib. XIII. 33.
turbo : tempesta.
Passi quasi nel mar turbo o tempesta. Tas. Rime III. 57.
L'irreparabil turbo e la tempesta. Ger. lib. XIX. 49.
E crollor non la può tempesta o turbo. Tas. M. cr. 1.
E non commossa da tempesta o turbo. id. VII.

V.

valor : virtu.
D'ongne virtù e di valor tereni. Monte. A. R. V. 288.
Per ti è il valore e la virtù ridutta. Orl. fur. II. 26.
Poco è il valor e la virtù suprema. Tas. Rin. I. 19.
valor virtù bellezza e leggiadra. G. d. Conti.
valor : voglia.
Quand' è bello il valor la voglia e l'opra. L. Martelli. Stanze.
velo : vesta.
in bianco velo e in bruna vesta. Tas. Rime II. 13.
allor non era invido velo o veste che ascondesse Ongaro Alceo.
II. 2.
vergogna : vendetta.
la mia vergogna o la vendetta. Ger. lib. XVI. 9.
vergogna : vitupero.
vergogna e vitupero. Bocc. Dec. V. 10.
verità : virtù.
ha l' uomo amore alla verità e alla virtù. Dante. Convivio III.
3. cioè di verità e di virtù. id. III. 3.

vestimento : vivanda.
vestimenti e vivande. Bocc. Dec. II. 6.
via : vita.
E di via e di vita che resta. Tas. Aminta III. 2.
viltade : villania.
Mi fa spregiar viltade e villania. Lapo Gianni, Man. 246.
vivanda : vino.
di buone vivande e di buoni vini serviti furono. Bocc. Dec. X. II. Per empiersi di vino e di vivande. Berni, Orl. in. rif. XXX. 43.
vita : vestimente.
In quel deserto incaneva e vita e vestimente. Bonvesin. Vul. de Elem. 958.
vita : virtù.
con li bei raggi infonde vita e virtù quagginso Dante, Canz. XVII. La vita non ma la virtù sostenta. Ger. lib. VIII. 23. sua vita e sua virtù Benivieni, Stanze.
vita : valore.
E la sua vita e tutto il suo valore. Dante, Vit. n. § 39. vita acquisti e valore. Tas. Rime I. Anacreontica.
virtute : valenza.
Tant' è la sua virtute e la valenza. Dante. Canzone.
virtù : vigor.
nè in più virtù nè in più vigor salire. Orl. fur. XXV. 63.
vittoria : vendetta.
Dispera la vittoria e la vendetta. Ger. lib. XX. 117.
voce : vista.
Più dolce in voce che in vista lucenti. Dante, Purg. 10. dalla voce e dalla vista. Bocc. Dec. II. 5. Or so qual fosse l'aria che di fuori — N'uscì con vista e con voce profana. Bocc. Tes. X. 72. E la voce e la vista l'abbandona. Orl. fur. V. 90.
voce : viso.
Con fermo viso e con salda voce. Bocc. Dec. VI. 7. Con fiera voce e con turbato viso. Tas. Rin. I. 76.
voglia : vaghezza.
La voglia, la vaghezza. Giust. d. Conti. Son.
volto : voce.
Cerca parer nel volto o nella voce. Ger. lib. XVII. 42. nella voce e nel volto Tasso, Rime I. 65.

II. Adjectiva.

A.

acerbo : acro.
che gli fe' gustar fine acerbo ed acro — Dal desiderio in giusto, ch' in lei messe. Orl. fur. XXXVII. 53 gusto acerbo ed acro. Baldi, Naut. IV.

acetoso : agro.
ogni altra cosa acetosa o agra. Bocc. Corb.

acre : amaro.
a condizioni acre ed amare. Orl. fur. XL. 8. che dolcezze soffrendo amare ed acre Tasso. Rime I. 71.

agile : atto.
alcuni son centauri agili ed atti. Orl. fur. VI. 21.

altero : almo.
E beltà sovra ogni altra altera ed alma. Tas. Rime I. 14.

amaro : aspro.
Eravi amara ed aspra la partita. Martelli. Stanze.

ambizioso : avaro.
nè cura o voglia ambiziosa o avara. Ger. lib. VII. 10.
E pur il mondo ambizioso, avaro-Vuol che costei sia diva Fulv Testi S. 69.

amichevole : amoroso.
non solamente amichevole ma amoroso. Bocc. Dec. II. 7.

amoroso : alto.
E amorosa e alta. Neri de' Visdomini, A. R. V. 92.

ampio : aperto.
e 'l pian sul monte ampio ed aperto. Ger. lib. XV. 53.

ardente : almo.
Nel seren di due luci ardenti ed alme. Tas. Rime I. 26.

ardente : amaro.
mei versi ardenti e amari. Giustin. L. VIII. 18.

ardente : amoroso.
con un ardente ed amoroso strale. Petr. Son. 203.

aspro : acerbo.
sua vita aspra ed acerba. Petr. Tr. d'Am. I. 86.

arso : arenoso.
Nel arsa ed arenosa Libia. Tas. Rime. IV. 30.

aspro : atroce.
O quanto è il suo dolor aspro ed atroce. Orl. fur. VIII. 83.
E così fu la pugna aspra ed atroce. Orl. fur. X. 53.

avenente : amoroso.
Di voi avenente ed amoroso viso. A. R. V. 361.

B.

beato : bello.
O aspettata in ciel beata e bella anima. Petr. Canz.
E donna mi chiamò beata e bella. Dante. Inf. II. 53.
Vattene in pace alma beata e bella. Orl. fur. XXIX. 27.
bello : bianco.
Gittando della neve bella e bianca. Folgor. da S. Gemignano.
Man. 342. Con bianca mano o bella. Carducci VIII. 160.
bella o bianchissima Bocc. Fil. 2. Basciata il piede o la man
bella e bianca. Petr. Son. 173.
E voglio anzi un sepolcro bello e bianco. id. Son. 61.
Tu bella mano e bianca. Tas. Rime I. Canz. 30.
benigno : buono.
Sotto il benigno e buon governo loro. Orl. fur. III. 18.
bianco : biondo.
bianco, vermiglio e biondo. Carducci, VIII. 198.
bianco e biondo. Bocc. Decam. VIII. 10.
biondo : bello.
Biondo era e bello. Dante, Purg. III. 107. E farli rilucenti
biondi e belli. Giambullari. Biondo era e bello. Tassoni,
S. r. IX. 17.
bramata : bella.
Si nobil preda, si bramata e bella. Tas. Rinal. IV. 53.
bruno : bianco.
nè bruna nè bianca. Notaro Giacomo, A. R. V. 5.
o con le brune o con le bianche chiome. Petr. Sest. 2.
I capegli non biondetti ma brunetti. Chiabr. Canz S. 61.
buono : bello.
e fa bello più e buono. Guittone, A. R. V. 163. Narcis fu
molto buono e bellissimo cavaliere. Cent. nov. 46. medicine
le que sont bone e belle. Bonvesin Disp. Ros. 116.
E blasma tal seruisio qe será bon e belo. Gir. Pateg 131.
Che tanto foste buona quanto bella. Canz. chig. 347.
quel destrier bello e buono. Orl. fur. XXX. 73. Si bello e sì
buon tempo era perduto. Orl. fur. XLII. 44.

C.

candido : chiaro.
Suole a l'onde involar candide e chiare. Baldi Naut. IV.
casto : chiaro.
Vincete o casti o chiari soavi accenti. Tas. Rime I. Canz 30
cheto : chiaro.
Per mia cheta o chiara marinella. Carducci. XI. 337.

chiuso : coperto.
E nell' armi si tien chiuso e coperto. Tas. Rin. XII. 57.
chiuso : crespo.
Il chiuso e crespo bosco al vento ondeggia. Poliziano, Stanze.
chiuso : custodito.
Di forte chiuso e custodito giro. Baldi Naut. 1.
compiuto : caro.
compiuta e cara liberalità. Dante, Convivio I. 1.
concupiscibile : carnale.
concupiscibile e carnale amore. Bocc. Corb.
contento : cheto.
Parve contento rimanere e cheto. Orl. fur. II. 66.
conto : chiaro.
conto e chiaro lor fece il caso intiero. Tas. Rim VII. 49.
corrente : chiaro.
mi parea che li suoi occhi si volgessero ad un fiume bello corrente
e chiarissimo. Dante, Vita nuova § 9 E già del cielo il terzo
salit'era Febo co' suoi cava' chiari e correnti. Bocc. Tes. III.
104. e tu corrente e chiaro gorgo. Petr. Son. 191. un corrente
e chiaro fiume. Tas. M. cr. VI.
corotto : cavo.
Già per soverchio umor corotto e cavo. Alam. Colt. IV.
cortese : canosciente.
E donna pro cortese e canosciente. Guitt. A. R. V. 434.
cortese : caro.
A tai parole cortesi e care. Dante, Rime I. Dial. 7.
Mani cortesi e care. Tas. Rime I. Canz. 21.
cristallino : chiaro.
il cristallino e chiaro fonte. Tas. M. cr. VII.
crudo : cotto.
crudo e cotto. Tasson. S. r. IV. 47. O crudo o cotto. Orl.
fur. XXIV. 12.

C.

desdignoso : duro.
e desdignosa e dura. Giustin. IX. 68. de la compagna dura
e desdignosa. id. XII. 68.
diligente : dotto.
Fatto da maestro diligente e dotto. Orl. fur. XLII. 79.
Ed opra di man dotta e diligente. Tas. Rin. I. 22.
disiderosa : dolze.
La mia disiderosa e dolze vita. Chiaro, A. R. V. 255.

doglioso : duro.
Tant' è cor condizion dogliosa e dura. Rustico, A. R. V. 817.
dolce : dibonare.
Di vosto dolze e dibonare core. Guitt. A. R. V. 139.
dolce : dilettoso.
Pensando quanto dolze e dilectosa sera nostra 'amistà. Guitt. A. R. V. 134. Ai mi lasso! che dolce e dilectoso mi cominciai l'amor. Noffo Bonaguide, Canz. chig. dolce e dilettosa. Geraldo da castello, Man. 362. dolce e dilectosa. Giustin. LXXVII. 99. Canta con dolce e dilettoso stile. Orl. fur. V. 74. Così dal dilettoso e dolce inganno, Fu vinto Adamo. Tas. M. cr. VII. Oh! con che dolce e dilettoso inganno, L'alma fastosa e folle, Pascendo ognor si va de' propri mali. Fulv. Testi Canz S. 70.
dolce : duro.
E se sua potestate è dolce o dura. M. Antonio di Ferrara. Man. 300.
duro : doloroso.
tu porte-Dure novelle al campo e dolorose. G. lib. VIII. 43.

E.

efficace : eloquente.
E con modo efficace ed eloquente. Tas. Rin. X. 12.
erto : elevato.
altre pendici scopriano alfin men erte ed elevate. Ger. lib. XV. 35.

F.

fallace : falso.
il tuo amore essere stato fallace e falso. Bocc. Fil. II.
famoso : forte.
Contra un sì forte e sì famoso Gallo. Orl. fur. XXXIX. 5.
famoso : franco.
a quel famoso e franco paladino Poem. pop. Attila 2.
famoso : freddo.
da questa famosa e fredda terra. Tas. Torrism. II. 4.
faticoso : forte.
Tanto la parli faticosa e forte. Dante, Conviv. II. Canz 14.
felice : fausto.
ti sia felice e fausto. Fidentio. Cantici.
felice : fecondo.
La terra più felice e più feconda. Tas. Rime II. 19.

felice : fortunato.
chiamandolo felice e fortunato. Tasso, Aminta V. Felici l'alme e fortunati i cori. Tas. Rime I. 304. Felice e fortunato. Ongaro, Alceo 1. 2. Dirai felice e fortunato a pieno. Baldi, Naut. 11. 45.

fello : falso.
O sono fella e falsa e mal fatt' agio. M. Ubertino. A. R. V. 804. fu falsa e fella. L'Intelligenza S. 45.

ferma : fervente.
Prinda ad amor che l'è ferma e fervente. Card. 1. 20.

fermo : fisso.
fermi e fissi e non mutabili. Dante. Convivio II. 4.

infermo : frale.
Già era questa spoglia inferma e frale. G. lib. VII. 21. Ma tutto altro animal infermo e frale. Alam. Colt. X. Di si oscur color infermo e frale. id. Colt. III.

feroce : forte.
Egli è tanto feroce e tanto forte. Pulci, Morg. m. IX.

fervido : fumante.
L'interna fiamma fervida e fumante. Tas. M. cr. III.

festante : folle.
festante e folle turba. Tas. M. cr. III.

fetido : fumante.
Ma fiamme allora fetide e fumanti. G. lib. XVIII. 83.

fino : forte : fatato.
perch'è fino e forte e fatato e fu quel di Mambrino. Berni. Orl. inam. rif. XIII. 25.

fiorito : fresco.
s'ode d'una fiorita e fresca riva. Petr. Son. 238. Bell' era e nell' età fiorita e fresca. id. Tr. d. F. II. 109. Fresco fiorito e verte. id. Canz. 13. O sovra una fiorita e fresca riva. Tas. Rime I. Canz. 15. Ne la più fresca etade e più fiorita. Martelli, Stanze.

focoso : fiero.
E il disio vie più focoso e fiero. Parve subitamente che venisse. Bocc. Tes. IV. 26.

fondato : fisso.
Perchè fondato e fisso è il suo pensiero. O. fur. XXXII. 53.

fondato : forte.
Della magion di Dio fondata e forte. Ger. lib. XI. 8.

formidabile : feroce.
superbi, formidabili e feroci. Gli ultimi moti fur. Ger. lib. XIX. 26.

forsennato : furioso.
il forsennato e furioso Orlando. Orl. fur. XXIV. 4.
forte : fermo.
tanto è più forte, tanto è più ferma in voler porlo a morte. Orl. fur. XXXVII. 58.
forte : fido.
nè più forte nè più fido compagno. Bocc. Dec. V. 1.
forte : fiero.
un dianol fier e forte. Ug. d. L. 1281.
Il re casco, quantunque forte e fiero. Berni. Orl. inam. rif. XLVI. 27.
forte : fornito : difeso.
Tanto era forte, fornito e difeso. Berni, Orl. in. XIII. 40.
fortunato : fecondo.
Più fortunata piaggia o più feconda. Tas. Rime I. Canz. I.
frale : famelico.
Queto i frali e famelici miei spirti. Petr. Canz. 20.
franco : forbito.
L'esercito suo franco e forbito. Bern. Orl. inam. rif. LVIII. 49.
franco : forte.
Ella è si franca e si forte persona. Bern. Orl. in. rif. XXIV. 13.
fregio : famolento.
In me vedhissi a cuinta e fregio e famolento. Bonvesin Vul. d. El. 126.
frondoso : fosco.
Verdi e frondose e fosche. Tas. Rime I. Madr. 364.
fruttifero : fecondo.
palme fruttifere e feconde. Orl. fur. XLI. 57. da la fruttifera e feconda Nonantola venuti. Tasson. S. r. III. 78.
furibondo : fiero.
disdegnoso e furibondo e fiero. Tasson. S. r. XII. 58.
furioso : fiero.
E più di gli altri furioso e fiero. Bern. Orl. in. rif. LVIII. 53.
furioso : folle.
Chè l'uno al tutto furioso e folle, Al sereno alla pioggia, al freddo, al caldo, Nudo va discorrendo il piano e 'l colle. Orl. fur. XXVII. 8.

G.

glorioso : grande.
Perchè egli è glorioso e tanto grande. Dante. Purg. XXII.
A questo che retaggio era materno, acquisti ci giunse gloriosi e grandi. Ger. lib. I. 42. gloriosa e grande Tas. Rime II. 27.

grande : gonfiato.
Grandi e gonfiate le fumose nari. Alam. Colt. II. 70.
grande : grave : grosso.
E per lo cargo grande e grave e grosso. Dante, Sette salmi I. 3. D'alto cader gran sassi e gravi. Orl. fur. XXXIX. 83.
grande : grosso.
ch' era ugualmente e grande e grosso l'uno come l' altro. Orl. fur. XLV. 69. in corpo così grande e così grosse. Orl. fur. XLVI. 128. In mano un bastonaccio grande e grosso. Berni, Orl. in. rif. XLVII. 44.
grasso : grave.
Faranno al verno più si grassi e gravi. Alam. Colt. III. 96.
grasso : grosso.
grassa e grossa. Bocc. Dec. VI. 10. Mangian grossi piccioni e cappon grassi. Ariost. Sat. III. 68.
gravoso : grande.
cotesto men gravoso e grande incarco. Ger. lib. XI. 53.
grossissimo : gonfiato.
grossissimo e gonfiato. Bocc. Dec. II. 4.

I.

illustre : innocente.
il sangue illustre ed innocente. Ger. lib. VIII. 70.
immoderata : immensa.
D'ira e di rabbia immoderata, immensa. Ger. lib. II. 11.

L.

lagrimoso : largo.
Spargano lagrimosi e larghi fonti. Tasso, Rime III. Lagr. d. Maria Verg.
lagrimoso : lasso.
e gli' occhj mei lacrimosi e lassi. Giustin. 61. 182. io lassa, dolente e lacrimosa. Tas. Rogo di Corinna.
leale : largo.
Eser leale e largo. Del suo podere a largo. A. R. V. 132.
leggiadro : lucido.
Ochi leggiadri e lucide finestre. Tas. Rime I. 263.
lento : lieve.
Il fren del nostro imperio lento e lieve. Tas. Ger. lib. V. 4.
libero : lieve.
Benchè libero e lieve. Bald. Naut. III. 63.
lieto : libero.
la donna lieta e libera. Bocc. Dec. VI. 7. Libero e lieto ritornar nel Regno. Tansillo, Lagr. d. S. P. V. 31.

lieto : leggiadretto.
Vezzosa e lieta e tutta leggiadretta. Carducci, XI. 357.
lieto : leggiadro.
Sempre lieto e leggiadro intorno giri. Alam. Colt. II. 7.
lucente : largo.
E versa gloria più lucente e larga. Tas. Rime II. 33.
lucente : leggiere.
un bellissimo elmo lucente e leggiere. Bocc. Fil. 2.
lucente : lieto.
L'olio ci fa lucente e lieto 'l volto. Tas. M. cr. III.
lucente : lieve.
con lucento e lieve spoglia. Tas. Rime III. Lacr. d. Mar. Verg.
lucente : liquido.
Da' suoi lucenti e liquidi cristalli. Tas. Rime II. Canz. 15.
lucido : lieve.
Nubi lucidi e lievi. Tas. Rime I. Madr. 320. Lo qual con essa ancor lucido e leve, E immortal fatto riunir si deve. Tas. Ger. lib. VIII. 30.
lungo : largo.
co' panni larghi e lunghi. Bocc. Dec. IV. 2. E il suo vestimento era lunghissimo e largo. id. Corb. con lunga abito e largo. Orl. fur. XIV. 37. Tavola lunga e larga. Tasso, Rin. X. 59. e si solleva in alto con lunghe e larghe penne. Tas. M. cr. V.
lungo : lento.
l'ozio lungo e lento. Tas. Torr. I. 3.
lungo : lieto.
con lunga e lieta festa. Bocc. Dec. X. 9. Possa far i suoi di più lunghi e lieti. Alam. Colt. III. 95.

M.

macchiato : molle.
Del proprio sangue suo macchiato e molle. G. lib. VI. 44.
magnifico : miro.
E ricchi arnesi non furon minori. Che altre cose magnifiche e mire. Bocc. Tes. XII. 71.
magno : mirabile.
magna e mirabil cosa. Guitt. A. R. V. 139.
maraviglioso : magnifico.
maravigliose e magnifiche cose. Bocc. Dec. I. 7.
mendico : mesto.
ma nudo spirto embra mendica e mesta, Varcar ti converrà l'onda funesta. Fulv. Testi, S. 78.

minaccioso : mobile.
 la minacciosa e mobil turba. Tasso. Rime II. 33.
minuto : miserabile.
 il minuto e miserabil gregge. Ruce. Api 176.
misero : male.
 misera e male. Fra Guittone, A. R. V. 161.
misero : mendico.
 Or sono ignudi miseri e mendici. Petr. Tr. d. M. I. 81. Lasciando i miei qui miseri e mendici. Petr. Son. 284. Vivo Agramante misero e mendico. Orl. fur. XVII. 126. Ha la sua casa misera e mendica. Gelsi, Capit.
misero : meschino.
 Rispose il sarracin : tu la vedrai tosto la terra misera e meschina. Pulci, Morg. VII. IV. Ceres dolente misera e meschina. id. XIX.
misero : mesto.
 A acquetar il cor misero e mesto. Petr. Son. 297.
modesto : mansueto.
 Sotto un modesto e mansueto freno. Tas. Rime II. 15.
molle : misero.
 egli fa gli uomini molli e miseri di cuore. Bocc. Fil. VII.
morbido : mezzo.
 Donna e madonna ben morbida e mezza. Bern. Giambullari, Ottave.
morbido : molle.
 qual è morbido e molle. Bern. Giambullari, Ottave.
mobile : mortale.
 Come voi che mobili e mortali e imperfetti siete. Bocc. Corb.

N.

negletto : nudo.
 e vedrete virtù negletta e nuda. Alam. Sat.
 negletti e nudi. Alam. Colt. I. Si vedrà rimaner negletta e nuda. id. IV.
nubiloso : nero.
 La mente mia nubilosa e nera. Orl. fur. XLV. 39.

O.

orrido : ombroso.
 e per foresta camminando di piante orrida ombrosa. (Ger. lib. XII. 29.
oscuro : orrido.
 al mio stato conforme è quest' oscura orrida stanza. Tas. Rin. XI. 54.

P.

palese : piano.
E bene a tutti il fe palese e piano. Tas. Rin. IX. 38.
Il tutto gli farà palese e piano. id. VIII. 40.
pallido : pauroso.
pallido e pauroso. Bocc. Fiam. 3.
penoso : pensoso.
Mi fanno penosa e pensosa. Bocc. Fia. 1.
pensosa : pia.
pensosa e pia. Tas. Rime 1. Madr. 30.
perfetto : perpetuo.
l'amistà per onesta fatta è vera e perfetta e perpetua. Dante, Convivio III. 11.
perfetto : puro.
a rasonar d'amor perfecto e puro. Giustin. LXXVI. 7.
L'amor puro e perfetto. Card. Senuccio del Bene IV. 56.
piacente : pietoso.
Del suo piacente e pietoso coro. Delio, Man. 223.
pietoso : pieghevole.
pietoso e pieghevole. Bocc. Fia. 5.
placido : piano.
Videro il mar Terren placido e piano. Tas. Rin. VII. 53.
Perchè placide e piane allor tien l'onde. Baldi Naut. II.
poco : povero.
con pochi e pover panni. Fra Jacopone, Man. 395.
popolato : pieno.
Per quella strada . . si popolata e piena. Orl. fur. XVI. 24.
potente : pro'.
potente di consiglio e pro di mano. Ger. lib. I. 40.
prezioso : puro.
Di sua rugiada preziosa e pura. Ger. lib. XIV. 1.
pronto : piacevole.
una pronta e piacevol riposta. Bocc. Dec. VI. 7.
prudente : pro'.
prudente e pro' guerriero. Orl. furi XLIV. 83.

R.

rapide : rotanto.
Avran le menti rapide e rotanti. Tas. M. cr. VII.
ritroso : ribellante.
L'uomo indarno ritroso e ribellante. Tas. M. cr. V.
rozza : rustico.
la rozza voce e rustica. Bocc. Dec. V. 1.

S.

sacrato : santo.
templo di Dio sacrato e santo. Dante. Cantica. Rime Apocr.

santo : sacro.
che capace non è del santo e sacro suo regno. Tas. M. cr. III.

sacro : sereno.
Aer sacro e sereno. Petr. Canz. 11.

sagace : scaltro.
L'uomo prudente sagace e scaltro. Menzini 286.

saggio : santo.
Facenda lei sovr' ogni altra gentile, Santa. saggia. Petr. 209. Gregorio e buono e grande e saggio e santo. Tas. Rime III. Canz. 3, più saggia e santa lingua. Ger. lib. XVII. 60.

saggio : scaltro.
e ben è saggio e scaltro. Tas. M. cr. V. uom saggio e scaltro. Tas. Ger. lib. VI. 50.

saggio : sottile.
ch' essi saggia e sottile e d'ogni cosa ella traggie il verace. Cino da. Pist. Canz. chig. 53. ch' è si saggia e sottile. Dante. Canz. Rime Apocr.

saldo : sicuro.
I tiranni più saldi e più sicuri. Tansillo, Podere, II. sicurissimo il cor, saldo il pensiero. Tas. Rin. VIII. 68.

salso : spumoso.
il mar salso e spumoso. Rota, Eg. Pesc. IX. D'acque spumose e salse id. III.

salvatico : solitario.
sopra un monte salvatico e solitario. Bocc. Dec. IV. 1.

salvo : sicuro.
salva nè sicura. Bocc. Dec. VII. I.

salvo : sublime.
l'umiltade d'innocente pastor salvo e sublime. Tas. Ger. lib. VII. 9.

sanio : sacciente.
l'om sanio e sacciente. Tesoretto, VII. 229.

sano : saggio.
bel foss' e sano e sagi e auesse pace. Canz. chig. 334.

sano : salvo.
sano e salvo. Bocc. Dec. II. 2. id. Dec. I. 1. Filocolo VI. Gli lasciai in Dnemarche salvi e sani Pulci. Morg. magg. IX.

santo : sincero.
col viver ben. col cor santo e sincero. Tas. Rime I. 286.
santo : spiritale.
Curan le cose sante e spirituali. P. Bembo Stanze.
santo : sublime.
pensier santo e sublime. Tas. Rime III. Lacr. di Mar. Verg.
santo : savio.
e domandano alcuno santo e savio uomo. Bocc. Dec. I. 1.
sazio : stanco.
E sazj e stanchi non saran mai. Tas. M. cr. IV.
sbigottito : smorto.
che del colpo il giovinetto, Vide cader sì sbigottito e smorto.
Ariost Orl. fur. XIX. 13. Che per disio di fuga si trabocca
giù del teatro sbigottita e smorta. Orl. fur. XX. 88. Fuor
della labbia sbigottita e smorta. Dino Frescobaldi, Man. 336.
scaltro : scorto.
che non fu mai giudeo sì scaltro e scorto. Tassoni, S. r. XI. 7.
scrupuloso : schivo.
conscienza scrupulosa e schiva. Orl. fur. II. 12.
sdegnoso : schivo.
la vita sua sdegnosa e schiva. Ger. lib. XII. 71. Voi sete
bella ma sdegnosa e schiva. Tas. Rime I. Madr III. Filli
crudel, Filli sdegnosa e schiva. Tra le Ninfe più schive
e più sdegnose. Tas. Rime I. 392.
selvaggio : schivo.
come lupo selvaggio e schivo. Alam. Colt. I. 35.
secco : smunto.
Per l'ordinario sì secco e smunto. Berni, Burl..
secco : sterile.
La raffredata e secca steril terra. Tas. M. cr. III.
selvaggio : solitario.
alla selvaggia e solitaria vita. Tas. M. cr. VI.
sereno : salutifero.
Queste son le serene e salutifere stelle. Ariost, Cassar. 1. 3.
e le serene e salutifere nostre stelle. id. I. 3.
sereno : sfavillante.
con due luci serene e sfavillanti. Tas. Rime I. 63.
severo : schivo.
ch' è tanto severo e schivo tanto. Tas. Aminta V.
sicuro : santo.
con questi più sicuri e santi esempi. Tas. Rime III. Canz. 3.
Colla scorta del ciel sicura e santa. id. Rime II. 15.

sicuro : secreto.
o sicuro, secreto e fido porto. Ariost. Son.
soave : saggio.
E i soavi conforti e i saggi preghi. Tas. Torrism. Soave, saggia e di dolcezza piena. Poliziano Stanze.
solo : sicuro.
Mentre sola e sicura si riposa. Orl. fur. I. 42.
solenne : sacro.
Al tuo nome Signore solenne e sacro. Tas. Torrism. I. 1.
solingo : scompagnato.
Viver così solinga e scompagnata. Ongaro Alceo 1. 1. Viver solinga e scompagnata sempre. Bembo, Stanze.
solingo : selvaggio.
si solinghe e sì selvagge. Baldi, Naut. IV. 90.
solingo : strano.
solingo e strano loco. Orl. fur. XXIX. 10. E quindi per solingo e strano calle id. XX. 144. Dove più solingo e più strano il bosco. id. XXIII. 5.
solitario : santo.
A menar vita solitaria o santa. Orl. fur. XLI. 88.
sommo : supremo.
Gloria del sangue tuo somma e suprema. G. lib. XLIII. 13.
splendido : sicuro.
De la sua fama splendida e sicura. G. d. Conti Son.
stanco : sazio.
Però non saran mai stanco nè sazio.
Di sì lungo ferir stanco e non sazio Filicaja. S. 219.
stordito : stupido.
Quale stordito e stupido aratore. Orl. fur. I. 65.
stupido : smarrito.
E stava tutto stupido e smarrito. Tas. Rin. III. 61.
sudato : stanco.
Vi vengo io poscia già sudato e stanco. Tas. Rin. VII. 32.
Ed anelando vien sudata e stanca. id. I. 52.

T.

timido : tremante.
benchè timida e tremante. Alamanni, Stanze.
traditrice : tristo.
ben son quel' alme traditrice e triste Giustin. LVII. 10.
tremante : tristo.
E con voce tremante e viso tristo. Orl. fur. I. 74.

turbato : tristo.
Di che sarebbe Enea turbato e tristo. Petr. Son. 153. Lunga stagion così turbata e trista. Tas. Rime I. 297.

V.

valoroso : vivo.
E come gente valorosa e viva, Conquestaro in Valdarno castel nuova. Pucci, Centiloquio XV. 50.
virtuoso : valoroso.
O somiglianza viva e vera. P. Aretino Son. Ci dimostro le vive forme e vere. Tas. Rime I. 289 con mille rai di ragion vive e vere. Tas. Rin. XII. 82. e vero e vivo crocodilo. A. Caro Son.

III. Numeralia.

dieci : dodici.
or tre fiorini or quattro or dieci or dodici. Ariosto Negromante II. 2. III. 3. Jo ho gli mandato dieci volte o dodici. id. La Lena IV. 2.
sei : sette.
Dal mar sei miglia o sette, a poco a poco, Si va salendo in verso il colle ameno. Orl. fur. XVIII. 138. Sei volte e sette addietro il corsier volve. Tas. Rin. II. 2.

IV. Verba.

accendere : ardere.
com' ei s' accese ed arse. Dante Inf. XXIV. 101. Dietro il primo disio si accese ed arse. Benivieni, Stanze.
affligere : angere.
Ruggiero s' affligge ed ange. Orl. fur. XXXVIII. 70.
amare : adorare.
chi t' ama e chi t' adora. Orl. fur. XXXVI. 33.
amare : ardere.
ama ed arde la misera. Ger. lib. VI. 60. amando ardendo alla mia Donna io chiesi. Tas. Rime I. 49.
cantare : confortare.
Jo canto e mi conforto. Polo di Lombardia, Canz. chig. 128.
Jo canto e mi conforto. Ser P. Zoppo da Bologna, A. R. V.

297. Però m' alegro e canto e mi comforto. Chiaro A. R. V. 255.
coprire : chiudere.
Nessun secreto fia chi copra o chiuda. Petr. Tr. d. Div. 109.
credere : chiamare.
e crede e chiama. A. R. V. 138.
curare : custodire.
che 'l re curava e custodiva il tutto. Rue. Api.
dimandare : desiderare.
come esser può, dicea, che grazia i' neghi. Che da voi si dimanda e si desia? Ger. lib. XIV. 25.
fare : formare.
Che Dio, che mosse sè sempre a rasgione, Di limo terra l' om fecie e formone. Guitt. A. R. V. 135.
fendere : forare.
e fende e fora. Orl. fur. XL. 24.
fendere : ferire : forare.
E taglia e fende e fere e fora e tronca. Orl. fur. XXIII. 92.
ferire : fuggire.
E fere e fugge a tempo. Orl. fur. XXIV. 62.
fervere : fremere.
L' onda tacer che irata or ferve e freme. Rota, Eg. Pesc. II.
figurare : fingere.
E mi figura e finge un bosco. Tas. Torrism. V. 1. Le corna d'ora ancor figura e finge. Tas. M. cr. VI. Ma la voce appresso. Sol nella gola si figura e finge. id. V.
figurare : formare.
Di questa e quella si figura e forma. Tas. M. cr. VI. I costumi dell' uom figuri e formi. id. II.
formare : fingere.
anco si forma e finge, In varj detti la sonora voce. Tas. M. cr. V.
fregare : frangere.
L' intorno spirto che si frega e frange. Tas. M. cr. V.
governare : guidare.
La qual quel Galafron governa e guida. Berni, Orl. in. rif. XV. 30.
guardare : guidare.
amor la guarda e guia. Carducci. II. 8. Sempre lo guarda e guida. Tesoretto XVII. 80.
lagnare : lamentare.
Che indarno tu te lamenti e lagni. Giustin. LXI. 166. E qualor più ti lagni o ti lamenti. Tas. Rime I. 146.

lampeggiare : lucere.
L' or de' bei crin, che si lampeggia e luce. Tas. Rime I. 319.
nascere : nutrire.
Nel quale nato e nudrito fui. Dante Convio. I. 3. L' altra è il difetto del luogo ove la persona è nata e nudrita. id. l. 1. Che parea nato a Tripoli e nutrito. Orl. fur. IX. 5. onde i sublimi onori nati e nudriti a' tuoi guerrier sudori eterna abbian memoria. G. Chiabr. Canz. S. 23.
offendere : oltraggiare.
Di non essere offeso nè oltraggiato. Tas. Rin. l. 75.
palpare : prendere.
Ma colla cauta man gli palpa e prende. Tas. M. cr. V.
parlare : pregare.
e 'l piè gli bacia e parla e prega. Tas. Rime II. 1. Si parla e prega. Tas. Ger. lib. XX. 136.
penare : pensare.
E più matto e forsennato è colui che pena e pensa di sapere il suo principio. Cent. nov. 29. E penando, e pensando. Bon. da Lucca A. R. V. 121.
piangere : parlare.
cosi piangendo e parlando. Bocc. Fil. 4. non parla o piange. Tass. Rin. 42. Con queste parlo e piango. Tas. Rime I. 124.
piangere : pensare.
o piangendo o pensando. Bocc. Fia. 4. se non pianger pensare e lamentarme. Tansillo Stanze.
piangere : pregare.
e veggendo piagnere e pregare. Bocc. Dec. XIII. 8. e spiega le sue tacite colpe e piange e prega. Ger. lib. XII. 23. Batti alle porte e chiama e piange e prega. Tas. Rime I. 37. A te Betlemme a te Sion si prostra, E piange e prega, Filicaja. S. 209.
plangere : plurare.
E sto en la camera plango e pluro. Carducc. II. 8. la plurau e la plangeno. Bonvesin Vulg. d. El. 375.
pregare : plorare.
chiama con voce stanco e prega e plora. Ger. lib. XII. 90. Tropp' è misero l' uom che prega e plora. Martelli. Stanze.
pungere : premere.
e premi e pungi il cor da ciascun lato. G. d. Conti Son
ricreare rincorare.
che ognun consola, ricrea e rincora. P. Aretino Stanze.
ruggere : raspare.
E rugge e raspa. Poliziano Stanze.
sbuffare : sbottare.
Schimazza e si dibatte e sbuffa e sbotta. Caro. Son.

schifare : schernire.
dalle quali così belle tù non se' schifato nè schernito. Bocc. Corb.
seminare : spargere.
Questi nel manto seminati e sparsi. Tas. Torr. IV, 6.
serrare : strignere.
E col nemico suo si stringe e serra. Ger. lib. VII 41. in mezzo a lor serrato e stretto. Bucc. Api.
sfavillare : splendere.
ch' ogni sua piaga ne sfavilla e splende. Ger. lib. VIII. 32.
sferzare : spronare.
Quattro cavai con quanto studio como — Pasco nell oceano e sprono e sferzo. Petr. Tr. d. Fama 17. Non men dall' altra parte sferza e sprona — La vigilante e stimulosa cura. Orl. fur. XL. 67. o gli aggiunge seconda e sferza e sprona. Baldi Naut. III. 66.
singhiozzare : spirare.
In misero Latin singhiozza e spira. Ger. iib. IX. 38.
soffiare : scuotere.
E soffia e scuote i gioghi alpestri il vento. Ger. lib. XVI. 68.
sospirare : sudare.
sospira e suda all' opera Volcano. Petr. Son. 33.
spandere : serpere.
Risana il mal, che più si spande e serpe. Tas. Rime III. Canz. 1.
spargere : spandere.
Ond' ogni bene a noi si sparge e spande. Tas. M. cr. 1. Perchè non perdo il mio nè spargo nè spando. Tas. Torr. IV. 7.
spegnere : spargere.
e 'el foco ha spento e sparso. Petr. Son. 230.
spregiare : spegnere.
spregia e spegne i mortali. Caro Son.
suffolare : soffiare.
suffola e soffia il serpe per la biscia. Poliziano, Stanze.
temere : tremare.
e temi e tremi. Tas. Rime 1. 192.
tremare : tacere.
Ed io pien di paura tremo e taccio. Petr. Son. 169.
trenare : traballare.
E 'l terren tremi e traballi. M. Buonarotti Tancia V.
vogare : volare.
non vogando, ma volando. Bocc. Dec. II. 7.

VITA.

Natus sum ego, Fridericus Kriete Hannoveranus, die XIV mensis Iul. anni h. s. LXVIII. Mater morte absumpta est, patrem adhuc vivere maxime laetor. Fidei addictus sum evangelicae. Litterarum elementis imbutus gymnasium reale Osterodense per novem annos frequentavi. Maturitatis testimonio instructus vere anni MDCCCLXXVIII. numero civium universitatis Gottingensis adscriptus eram, ut studio linguarum recentium incumberem. Vere anni MDCCCLXXIX universitatem Argentoratensem adii. Denique vere anni MDCCCLXXXI Gottingam ad litterarum studia absolvenda reverti.

Magistri mei fuerunt viri doctissimi
Gottingenses:
    Theod. Mueller, Baumann, Vollmoeller, G. E. Müller, Wagner
Argentoratenses:
    ten Brink, Groeber, Koschwitz, Kluge.

Praeceptoribus illis humanissimis optime de me meritis gratias semper habebo. Initio anni h. s. LXXXV. examen pro facultate docendi Gottingae sustinui; ex quo tempore praeceptoris munere fungor.